위대한 발명가 구텐베르크

From The Good Mountain

A Companion Guide for Adults & Children: How Books Were Made in the Fifteenth Century
by James Rumford

위대한 발명가 구텐베르크

제임스 럼포드 글 ✤ 서남희 옮김

아일랜드

차례

들어가기 전에   7

구텐베르크는 누구일까?   11

부를 가져다 준 종이   29

염소들의 선물이었던 가죽   43

나비의 날개 같은 금   51

밤처럼 새까맣게 물들인 잉크   57

은화처럼 반짝이는 활자   63

참나무처럼 단단한 인쇄기   77

15세기의 놀라운 발명품, 인쇄   87

반짝이는 빛을 불러온 채식   103

튼튼한 금고였던 장정   125

프린터printer는 더 이상 사람이 아니다   137

참고 자료   144
찾아보기   145

넝마와 뼈와 그을음과 씨앗으로 무엇을 만들었을까.

납, 주석, 튼튼한 참나무, 그리고 산으로 무엇을 만들었을까.

진한 갈색 외투를 두르고, 속에는 금으로 가득한 이것은 무엇일까.

들어가기 전에

15세기는 위대한 변화의 시대였다. 그때는 이 세상의 절반 정도만 알려져 있었다. 유럽, 아시아, 아프리카 사람은 아메리카 원주민에 대해 알지 못했고, 그들도 마찬가지였다.

그런데 콜럼버스 이후, 1499년 즈음에 지구가 둥글다는 사실이 밝혀졌다. 그제서야 사람들은 세상이 어떻게 서로 이어지는지를 배우기 시작했다.

우리는 구텐베르크 덕분에 이런 모든 놀라운 발견들을 책으로 만날 수 있게 되었다.

1400년에는 중국, 한국, 일본에만 인쇄본들이 있었다. 활자로 만들어지기도 했는데, 대개는 목판 인쇄본이었다.

그때에도 유럽인들은 여전히 필사본을 만들었다.

1450년 즈음, 모든 것이 바뀌었다.

그때까지 거의 알려지지 않았던 독일의 요하네스 구텐베르크가 기계를 이용해서 활자로 책을 인쇄하는 방법을 발명한 것이다.

1499년 무렵이 되자 유럽 여기저기에 인쇄소들이 세워졌고, 책들은 12개 이상의 언어로 인쇄되었다.

지금으로서는 15세기의 두 사건들 중 어느 사건이 우리에게 더 많은 영향을 미쳤는지 판단하기 어렵다.

콜럼버스는 지구의 양쪽을 만나게 해 주었고, 구텐베르크는 그 모든 발견들을 책들을 통해 알 수 있게 해 주었다.

2000년, 기자들에게 지난 천 년 동안 가장 큰 영향력을 준 사람을 꼽아달라고 하자 그들은 구텐베르크를 지목했다.

구텐베르크는 대체 어떤 사람이었을까? 이 책은 그 대답을 찾아볼 것이다.

그의 발명은 어떤 것이었을까? 이 책은 또한 그 주제도 파고들 것이다.

그리고 마지막으로, 그가 앞장섰던 인쇄본의 시대는 이제 막을 내리고 있는가?

이 책을 다 읽었을 때쯤 그 답을 찾을 수 있으리라 믿는다.

제임스 럼포드

마노아 프레스, 호놀룰루

JOHANNES GVTENBERG
1 ANNO DOMINI
2 1450

1 아노 도미니Anno Domini: 라틴어로 '예수 그리스도의 해'라는 뜻. 종종 AD로 줄여 표기한다.

2 구텐베르크는 약 1450년 즈음에 인쇄를 시작했다.　　3 활자 조각　　4 식자 막대

구텐베르크는 누구일까?

구텐베르크에 대해 알려진 사실이 많지 않아 안타깝다. 그가 살아 있을 때 그린 초상화는 존재하지 않는다. 사적인 편지나 일기도 없다. 찾을 수 있는 것이라곤 장차 교황이 될 사람 교황 피우스 2세가 될 피콜로미니 주교 이 1454년에 대단한 사람을 만났다고 했던 기록뿐이다.

또한, 구텐베르크가 죽은 뒤, 그를 '뛰어난 장인'이라고 부른 친구의 말만이 남아 있다. 그 외에는 그가 법적으로 분쟁에 휘말렸던 때의 소송 기록과 고소장이 남아있긴 하지만, 그것이 누군가를 판단하기에 썩 좋은 방법이라고는 할 수 없다.

그렇다면 무엇을 찾아보아야 하는가? 우아하게 만들어진 책들의 기록들, 전 세계의 도서관과 박물관의 벽에 새겨진 것들, 뛰어난 학자들의 수많은 추측을 찾아볼 뿐이다.

사실 남아있는 게 거의 없다. 그래서 자신의 업적으로밖에 스스로를 설명할 수 없는 어떤 사람의 생애에 대해 부족한 묘사를 할 수밖에 없다.

1394년과 1404년 사이 어느 때에, 우리가 구텐베르크라고 부르는 사람이 독일의 마인츠에서 프리엘레 겐스플라이쉬와 그의 두 번째 아내인 엘제 사이에서 태어났다.

그의 아버지와 어머니는 그들의 아들을 영어로는 존John 이라고 부르는 요한Johann 을 줄여 헨네Henne 라고 불렀다.

1450년의 마인츠

마인츠는 기원전 13년에 로마인들이 건설했다. 서기 1244년에 특허장을 받았고, 대주교 두 명이 서로 이 도시를 장악하려고 전투를 일으켰던 1462년에 특허장을 잃었다. 제2차 세계대전 당시 마인츠는 심한 폭격을 당해 오래된 건물들을 많이 잃었다. 오늘날 이곳은 200,000명의 시민들이 사는 현대적인 도시이다.

마인츠 대성당, 또는 성 마틴 대성당은 10세기 말에 짓기 시작해서, 구텐베르크가 태어날 무렵 거의 다 지어졌다.

15세기의 도시는 성곽으로 둘러싸여 있었다.

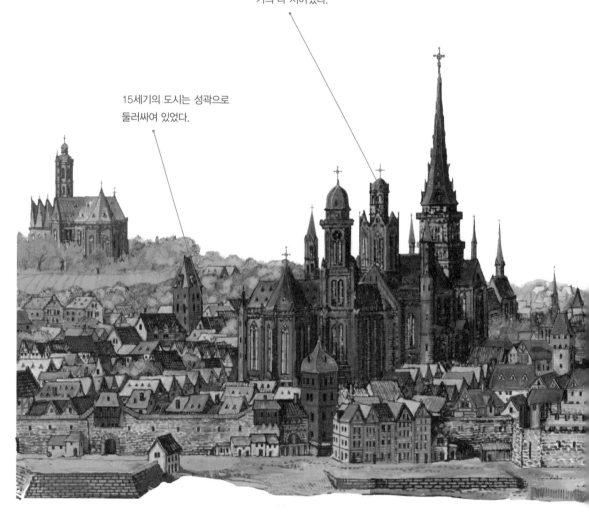

구텐베르크 가문의 저택인
호프 줌 구텐베르크

구텐베르크가 세례를 받은
성 크리스토프 성당. 제2차
세계 대전 때 파괴되었다.

구텐베르크가 매장된 프란치
스코파 베어풋 수도원. 이 건
물은 18세기에 허물어졌고,
그의 무덤은 흔적을 찾아볼
수 없다.

구텐베르크는 성당 한 편의
알게스하이머 호프에서 여생
을 보냈다.

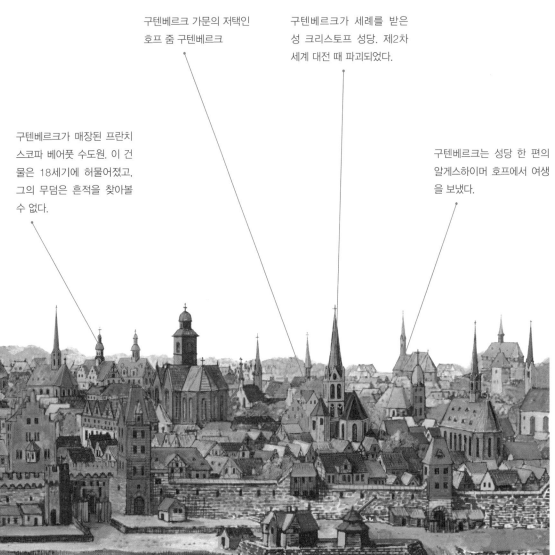

겐스플라이쉬 가문의 문장은 흥미롭다. 한 손에는 그릇을, 다른 손에는 지팡이를 든 남자가 등에 자루를 매고 있다. 이 남자는 순례자였을까, 거지였을까? 그 누구도 알 수 없는 이 문장은 구텐베르크에 대한 가장 초기 기록에서 발견된다.

헨네^{구텐베르크의 어릴 때 이름}의 아버지는 부유했고, 겐스플라이쉬 가문은 마인츠에서 큰 존경을 받았다.

그런데 1411년에 부유한 가문들과 길드 사이에 분쟁이 생겼을 때 프리엘레 겐스플라이쉬는 잘못된 선택을 했다. 길드가 승리했던 것이다.

프리엘레는 가족과 함께 마인츠에서 추방당했다. 그들은 마인츠에서 조금 떨어진 강 하류 마을 엘트빌레로 간 것으로 추정된다. 이 무렵 헨네는 라틴어 학교에 다니며 대학 진학을 위해 라틴어 및 대수, 음악, 기하, 천문학을 배웠다.

겐스플라이쉬 가문 몇몇 사촌들은 구불거리는 동쪽 길을 따라 약 257킬로미터 떨어진 에르푸르트에 새로 생긴 대학에 다녔다. 헨네도 그곳에 다녔던 것 같다. 학생 명단에서 라틴어로 요하네스 데 알타 빌라^{Johannes de Alta Villa}, 즉 엘트빌레의 요한을 찾을 수 있기 때문이다. 이 사람이 헨네 겐스플라이쉬인지는 확실치 않다. 오늘날과 달리 15세기 독일에서는 성이 종종 바뀌었기 때문이다.

14세기부터 수공업자들은 길드를 만들어 자신과 자신의 일을 보호하고 홍보했다. 예를 들면, 방직공과 제빵사, 작은 가게의 주인, 대장장이의 길드가 있었다. 길드의 힘은 컸고, 그들은 도시의 상업을 쥐락펴락했다. 상인과 부유층은 마음껏 상품을 만들어 팔고 싶어 했기 때문에 길드들을 매우 싫어했다.

마일 10   20   30   40   50   60   70

킬로미터   15   30   45   60

에르푸르트 1473

구텐베르크가
방문하거나 산 곳

연도 인쇄기가 처음으로
작동한 시점

마리엔탈 1474 엘트빌레 1467 프랑크푸르트

마인츠 1452

마 인 강

밤베르크 1460?

하이델베르크 1485

뉘른베르크 1470

슈파이어 1471

라 인 강

레겐스부르크 1485

아이슈태트 1483

잉골슈타트 1484

에슬링겐 1473

다 뉴 브 강

스트라스부르 1460

라우인겐 1472

로이틀링겐 1476 우라하 1479

블라우보이렌 1475

울름 1473

아우크스부르크 1468

이 지도에서 붉게 칠한 표시들은 구텐베르크가 방문했거나 살았다고 추측되는 도시들이다. 다른
표시들은 인쇄소가 세워진 도시와 마을이다. 연도 표기는 인쇄기가 처음 작동된 때를 가리킨다.
1450년부터 1500년 사이에 인쇄된 책들은 '인큐내뷸러Incunabula'로 알려져 있다. '갓 태어난 아기
를 싸는 천'이란 뜻의 라틴어인데, '어린 시절'을 시적으로 나타내는 표현이기도 하다. 인큐내뷸러는
복수형이므로 '인큐내뷸러가 도서관에 많이 있다'라고 하면 된다. 단수형은 따로 없지만, 쓰고 싶다면
영어화된 낱말인 '인큐너블incunnable'을 쓰면 된다.

1419년에 헨네의 아버지는 가족이 다투기에 딱 알맞은 만큼의 돈을 남기고 죽었다. 분쟁은 소송으로 이어졌고, 이 기록에서 헨네에 대한 정보를 조금이나마 얻을 수 있다.

소송이 있었던 해인 1420년에 헨네는 성년이었는데, 당시에는 성년의 기준이 14살이었다. 따라서 그는 1406년에 태어났거나, 아니면 당시에 14세보다 나이가 많았을 거라 추측된다. 서류에는 헨네라는 이름이 아닌 프리엘레 겐스플라이쉬 2세의 형제인 헨히헨^{Henchen, 어린 요한이란 의미}이라고 올라 있다.

1420년대 후반에도 부유층과 길드 간의 분쟁은 여전히 극심했다. 이 때문에 헨네는 1428년경 돈을 벌기 위해 마인츠를 떠나 다른 곳으로 갔던 것 같다.

겐스플라이쉬 가문은 남쪽으로 약 193킬로미터 떨어진 스트라스부르 시에 사업체를 갖고 있었다. 헨네가 스트라스부르 시로 갔다는 것을 입증할 기록은 1434년이 되어야 나온다.

1430년에 마인츠의 대주교는 길드와 귀족 계급 간의 평화를 가져올 공개서한에서 특히 헨네와 다른 여러 사람을 지목하며 마인츠로 돌아오라고 청했다.

이 서류에서 헨네는 처음으로 구텐베르크라고 불린다. 구텐베르크는 마인츠에 있는 그의 가문의 저택 이름으로, 그의 고조부가 백여 년 전에 사들인 곳이었다. 관습에 따라 사람들은 저택의 이름을 성으로 썼다. 따라서 이때부터 헨네는 라틴어와 독일어가 합쳐진 요하네스 줌 구텐베르크, 즉 구텐베르크의 요한으로 불리게 되었다.

구텐베르크 가문의 저택, 또는 호프 줌 구텐베르크는 제2차 세계대전 때 파괴되었다. 옛날 그림들과 조각들을 참고해 이 그림을 그렸다. 1450년에 이 저택의 겉모습이 어땠는지는 아무도 모르지만, 다른 많은 독일 집들처럼 목재가 밖으로 드러난 구조였을 것이고, 집을 짓는데 사용된 자재의 반은 목재였을 것이다. 호프 줌 구텐베르크는 규모가 큰 건물로, 많은 가구가 거주했고 가게들도 있었던 걸로 보인다. 초기 기록에 따르면 겐스플라이쉬 가문은 집의 전체 또는 일부를 1300년경에 구입해서 '굿 마운틴Good Mountain'이란 뜻을 가진 '구텐베르크'라는 이름으로 불렀다. 그 전에 이 집은 호프 줌 유덴베르크, 즉 '유대인들의 집'으로 불렸다. 아마도 유대인 가족의 소유였을 것이다. 1282년에 반 유대인 봉기가 일어나며 마인츠의 많은 유대인들이 학살당했다. 살아남은 이들은 추방당하거나 강제로 기독교로 개종해야 했다. 그들의 재산은 대주교가 몰수해서 팔아 버렸다.

구텐베르크가 금 세공인이었는지 아닌지에 대해 여러 가지 추측이 있다. 어쨌거나 증거는 없는 듯하다. 그가 특정 직업 훈련을 받았는지의 여부나, 그가 어떤 종류의 장인이었는지도 알 수 없다.

나는 그가 자신이 마음먹은 일을 해내기 위해 적합한 사람들을 모으는 재능이 있었을 것으로 추측한다.

"당신의 직업은 무엇입니까?"라는 질문을 받으면 과연 그가 무엇이라고 대답했을지 궁금하다.

마인츠로 돌아오라는 대주교의 요청에 구텐베르크가 어떤 대답을 했는지는 알려져 있지 않다. 그 당시 구텐베르크는 마인츠로 돌아갈 마음이 없었던 것으로 추측된다. 게다가 시는 그에게 빚이 있었으나, 지불할 생각이 없었다.

이는 구텐베르크가 1434년에 대담하게 저지른 일을 보면 알 수 있다. 그는 업무상 스트라스부르에 온 마인츠의 서기관을 고소해서 체포당하게 했다. 자기가 받을 돈이 지불될 때까지 말이다.

당시에는 대단히 충격적인 사건이었다. 결국 구텐베르크는 서기관에게 지불 약속을 받아 낸 뒤 고소를 취하했고, 채무는 나중에 지불되었다.

비슷한 시기에 구텐베르크는 다른 소송에 휘말려 있었다. 그는 아이언 도어스에 사는 엔넬린 _{엔넬린 주 아이제린 뒤레}과 결혼하기로 약속했던것 같다. 이 사건으로 그는 구설수에 올랐다. 구텐베르크는 엔넬린의 친구들 중 한 명을 거짓말쟁이라고 모욕했고, 결국 그는 명예훼손으로 고소당했다.

구텐베르크가 스트라스부르 밖의 성 아르보가스트 수도원 근처에 살았다는 증거는 이 소송 및 다른 증거들을 통해 알 수 있다. 이곳이 구텐베르크에게 완벽한 곳이었다고 말하는 학자들도 있다. 구텐베르크가 도시 사람들의 호기심 어린 눈길에서 멀리 떨어져 비밀리에 실험을 할 수 있었으리라 추측할 수 있기 때문이다. 그렇다면 무엇을 실험했을까? 그것은 이어진 다음 소송을 통해 짐작할 수 있다.

1439년에, 드릿첸 가문의 두 형제 외르게와 클라우스가 구텐베르크를 법정에 세웠다. 그의 비밀 사업에 대해 알려주지 않는다는 이유에서였다.

최근 역병으로 사망한 그들의 형제 안드레아스가 구텐베르크에게, 법정 기록에서 '일'이라고 쓰인 것을 위해 돈을 빌려 주었고, 그 때문에 안드레아스는 사업권 일부를 가지게 되었던 것 같다.

그의 형제들이 안드레아스의 특권을 가질 권리가 없다는 구텐베르크의 주장이 받아들여져 그는 소송에서 이겼다.

이 특권들은 무엇이었을까? 법정 기록에 언급된 '일'은 무엇이었을까? 정확히 다 알 수는 없지만, 구텐베르크가 관련된 두 가지 사업이 있었다.

첫 번째는 종교 순례자용 금속 기념품을 만드는 일이었고, 두 번째 일은 압축기가 필요한 무언가를 사용하는 일이었다. 혹시 인쇄기 같은 게 아니었을까? 종이에 글자들을 인쇄하기 위한 것이었을까, 아니면 그런 기념품에 들어갈 문양을 찍기 위한 것이었을까?

구텐베르크는 안드레아스 형제에게 그의 사업에 대해 알리려 하지 않았고, 특히 세상에 알리려 하지 않았다.

기록에 따르면, 다른 사람들이 보기 전에 사망한 안드레아스의 집에 있는 중요한 무언가를 손에 넣기 위해 쟁탈전이 벌어졌다. 안드레아스가 역병으로 사망했기 때문에, 구텐베르크는 그의 집에 들어가고 싶어 하지 않았다. 결국 그는 하인을 보내 균과 맞서게 했다.

이 자리에 거울이 들어간다.

중세 시대 독실한 기독교인들은 기적이 일어난 유명한 성당을 보기 위해 순례를 떠났다. 순례 길에 그들은 나중에 고향으로 가져갈 작은 금속 기념품들을 사는 것을 좋아했다. 순례자 배지라고 불린 이 기념품들은 부드러운 금속에 문양을 찍어서 만든 것이었다.

구텐베르크는 7년마다 열리는 아헨 성지 순례에 쓰일 거울 배지를 만들고 싶어 했다. 이 거울 배지는 최고의 기념품으로 여겨졌다.

순례자들은 이 작은 거울에 성물을 비추면서 자기가 진짜로 그것을 들고 있다고 믿었기 때문이다.

구텐베르크의 비밀 사업은 많은 돈을 벌게 해 주었다. 그는 유복한 생활을 누리고, 대출에 보증을 서 가며 거물로 행세하고, 도시 방어를 위한 전쟁세를 자랑스럽게 낼 수 있었다.

그런데 어떤 이유에서인지 아마도 스트라스부르가 전쟁 준비를 하고 있거나, 형인 프리엘레가 사망했기 때문으로 추정된다. 구텐베르크는 1440년대 말에 마인츠로 돌아갔다. 그는 이제 가문의 수장이었다.

다행히 길드와 마인츠 유력 가문들 간의 관계가 나아지고 있었고, 구텐베르크는 자신의 수많은 비밀 계획을 돈벌이가 되는 사업으로 바꿀 기회와 가능성을 보았다.

구텐베르크가 어떻게 생겼는지 전혀 알 수 없다. 그가 살아있을 때 그린 초상화가 없기 때문이다. 그가 죽은 뒤 오랜 시간이 지난 다음에 그려진 초상화들만 남아 있다. 그 그림들이 그려질 당시에는 수염이 유행이어서, 화가들은 그에게 수염을 그려놓았다. 자신이 속한 사회 계급의 다른 모든 이들처럼 깔끔하게 면도한 구텐베르크에게 이 초상화들은 얼마나 어이없게 보였을까? 15세기에는 유대인들만이 수염을 길렀기 때문이다.

1448년에 구텐베르크는 부유한 친척에게서 돈을 빌려 곧바로 사업을 시작했다. 바로 인쇄 사업이었다. 그는 줄곧 인쇄 사업을 계획하고 있었던 것이다.

구텐베르크의 인쇄 사업은 엄청난 비용이 든 데다가, 수 년 간의 실험이 필요했다. 빌린 돈으로 시작한 사업은 순조로워 보였다.

그러나 일 년도 안 되어 더 많은 자금이 필요해진 그는 마인츠의 부유한 사업가 요하네스 푸스트에게서 돈을 빌렸다. 담보는 구텐베르크의 기계였다.

위의 스케치들은 내가 상상해서 그린 것이다. 나는 종종 구텐베르크에게 안경을 씌워 보고 싶었다. 그가 활자 만드는 일을 했을 때는 분명 40세가 넘었을 것이다. 그 나이라면 그도 눈이 침침하지 않았을까?

양피지에 인쇄된 이 서류는 가장 중요한 서류 중 하나이다. 이를 통해 구텐베르크가 하던 일들을 알아 낼 수 있기 때문이다.

이 서류는 '헬마슈페르거 공증 문서'로 알려져 있다. 헬마슈페르거는 1455년 11월, 이 문서를 쓴 사람의 이름이다.

그 둘은 또 다른 소송 서류에 함께 나타난다. 1455년 말, 구텐베르크와 푸스트는 돈 문제로 사이가 틀어졌다. 푸스트는 구텐베르크가 자기한테 빌린 돈의 이자를 지불하지 않는다고 말했다. 더 나아가, 그는 구텐베르크가 횡령을 했다고 비난했다.

구텐베르크는 이자를 지불하지 않고, 빌린 돈 일부는 자기가 필요하다고 결정한 곳에 사용하겠다고 푸스트와 이미 구두 합의한 바가 있었다.

이 소송은 해결하기가 까다로웠다.

구텐베르크와 푸스트 둘 다 서로를 속이려 했다. 구텐베르크는 자기가 빌린 돈을 지불하려 들지 않았고, 푸스트는 원래 권리보다 더 많은 것을 원했다.

결국 구텐베르크는 푸스트에게 돈을 일부 갚았고, 푸스트는 모든 기계를 압수하지 않는 것에 동의했다.

법정 기록을 통해 알 수 있는 것은 그 돈이 책 작업, 즉 인쇄를 위해 쓰였다는 점이다. 그러나 초창기에 한 작업물 중 남아 있는 것이 없어서 그들이 무엇을 인쇄했는지는 알 수 없다.

소송 전에 꽤 많이 진행된 것이 틀림없던 42행 성서 외에 우리에게 남아 있는 것은 팸플릿 일부와 한 페이지짜리 인쇄물이 전부다.

그 중 유명한 것이 '예언자들의 책 편문the Sibyllenbuch Fragment'인데, 인쇄된 지 약 440년 후 마인츠의 어느 오래된 제본 사이에서 발견되었다.

이런 편문들은 언제 만들어졌는지 알기 어려워서, 학자들은 구텐베르크의 활동을 막연히 짐작만 할 뿐이다.

42행 성서는 1454년에 제작된 것이 확실하다고 알려져 이곳은 주서가가 장 번호를 쓸 여백이다. 여기에는 vi 또는 6이 들어간다.

이곳은 주서가가 문자 A를 빨간색으로 칠할 여백이다.

42행 성서는 '구텐베르크 성서'라고도 불린다. 한 페이지 당 42행으로 이루어져 있다.

학자들은 어떤 시점에서 구텐베르크와 푸스트가 이 판을 수정하기로 결심했다고 추측한다. 이들은 행을 40행에서 42행으로 늘렸고, 일부 오류를 바로잡았다.

처음 인쇄된 180부 가량의 책들 중에서 지금까지 남아 있는 것은 48부이고, 그 중 21부는 완벽한 상태로 남아 있다.

위의 페이지는 신약 성서의 마태복음 일부이다. 빨강색 테두리 안에 라틴어로 된 주기도문으로, 이렇게 시작된다.

'하늘에 계신 우리 아버지……'

있다.

후에 교황 피우스 2세가 될 피콜로미니 주교는, 마인츠에서 동쪽으로 약 13킬로미터 떨어진 프랑크푸르트의 가을 무역 시장에서 새로운 쓰기 방식으로 만들어진 성서의 일부를 보았다는 기록을 남겼다.

주교는 또한 어떤 대단한 사람을 만났는데, 그가 자기에게 성서의 몇 페이지들을 보여주었다고 썼다. 혹시 그 사람이 사업차 그곳에 와서 자신이 만든 것들을 자랑하

출판업자, 인쇄업자, 혹은 필경사가 쓴 마지막 글을 뜻하는 콜로폰을 장식하는 그림

고, 미래의 고객들을 선점하려던 구텐베르크가 아니었을까? 밝혀진 것은 전혀 없다.

구텐베르크는 푸스트와 더 이상 같이 일하지 않았다. 1457년에 인쇄된 판권 페이지를 보면, 푸스트가 페터 쇠퍼라는 젊은이와 동업했다는 것을 알 수 있다. 그는 예전에 구텐베르크와 푸스트와 함께 일했고, 인쇄에 대해서도 많은 것을 배운 사람이었다.

구텐베르크는 마인츠에 다른 인쇄소를 차려 자신의 발명을 완벽하게 만들려고 계속 노력했다.

이 시기에 그의 이름이 프랑스 왕이었던 샤를 7세의 궁정까지 알려지게 되었다. 왕은 구텐베르크가 하는 일에 매료되었고, 왕립 주조소의 금형 전문가 니콜라 장송을 구텐베르크에게 보내 이야기를 나누게 한 것으로 추측된다.

나는 어린이를 위한 그림책에 마치 구텐베르크 혼자 일한 것처럼 표현했다. 그러나 절대 그럴 리 없었다. 그는 많은 일꾼을 거느렸다. 목공과 금세공에 뛰어난 이들도 있었고, 구텐베르크가 훈련시킨 사람들도 찾아볼 수 있었다.
구텐베르크의 인쇄소는 호프 줌 구텐베르크, 또는 마인츠 대성당 쪽으로 한 블록 떨어진 호프 줌 훔브라흐트에 있었을 것으로 추측된다. 같은 블록에 페터 쇠퍼가 나중에 인쇄소를 차린 코르프 하우스가 있었다.

1460년에 또 다른 성서 인쇄본이 나왔다. 이번에는 마인츠에서 동쪽으로 꽤 먼, 마인 강 하류의 밤베르크에서였다. 이것은 36행 성서로 불리는데, 구텐베르크가 밤베르크에 가서 제작 과정을 지휘했던 것으로 짐작된다.

한편, 마인츠는 소란스러웠다. 피콜로미니 주교는 이제 교황 피우스 2세가 되었다. 마인츠의 대주교를 달가워하지 않던 그는 1461년에 아돌프 폰 나사우라는 사람을 그 자리에 앉혔다. 격분한 마인츠 사람들은 폰 나사우를 받아들이지 않았다.

당시는 주교들이 군대를 소집할 수 있던 시대였다. 폰 나사우는 휘하 군대를 일으켜 마인츠 시를 공격했고, 금속 사다리를 타고 성벽을 올라가 마인츠 시민들을 제압했다.

그 전투에서 요하네스 푸스트의 가문을 비롯한 많은 가문의 사람들이 목숨을 잃었다. 폰 나사우는 살아남은 이들을 마인츠에서 추방했다. 그들 가운데 구텐베르크와 그의 견습생들도 있었다.

학자들은 이로 인해 인쇄술이 유럽 전역으로 빨리 퍼져 나갈 수 있었다고 말한다. 구텐베르크뿐 아니라 푸스트와 쇠퍼에게서 인쇄술을 배운 사람들이 피난처를 찾아 마인츠를 벗어났기 때문이었다.

구텐베르크는 그의 아버지가 50년 전에 갔던 엘트빌레로 도망친 걸로 짐작된다. 그곳에서 베히터뮌체라는 겐스플라이쉬 가문의 친척이 라틴어 문법책을 인쇄했기 때문이다.

1465년 폰 나사우 대주교는 자신이 입힌 피해를 보상해주기로 했다. 그는 구텐베르크를 신하로 삼았다. 이는

1470년대에 페터 쇠퍼는 코르프 하우스에 인쇄소를 차렸다.

1470년 무렵, 쾰른1465, 로마1467, 베네치아1469, 뉘른베르크1469, 파리 1470 등 유럽의 여러 주요 도시에 인쇄소들이 세워졌다.

구텐베르크가 매년 음식과 포도주, 새 관복을 받게 된다는 의미였다. 금방 노인이 되던 시대임에도 쉬지 않고 일하던 구텐베르크에게 분명 좋은 일이었을 것이다.

다음 해 7월, 그는 전 동업자인 푸스트가 파리에서 무시무시한 역병으로 사망했다는 소식을 받았다.

구텐베르크는 무슨 생각을 했을까. 이들은 친구였을까 아니면 단지 동업자였을까.

마인츠로 돌아온 구텐베르크는 호프 줌 구텐베르크 근처의 알게스하이머 하우스에서 지냈다. 그리고 1468년 2월 3일, 그는 그곳에서 세상을 떠났다.

구텐베르크의 죽음은 한 친구의 책에 이렇게 기록되었다. '우리 주 오신 지 1468년, 성 블라시오의 날에, 뛰어난 장인 헨네 겐스플라이쉬가 신의 은총 안에 잠들었다.'

어린이를 위한 그림책에 넣기 위해 그린 구텐베르크의 모습

1 건조실   2 압착기   3 초지 떼어 내기   4 종이 쌓기   5 제지 방앗간

6 넝마를 찧는 절구들   7 물레방아   8 갖풀 끓이기

부를 가져다 준 종이

종이를 한 조각 찢어서 확대경으로 자세히 들여다 보면 찢긴 자리를 따라 작은 섬유 조각들이 보인다.

종이는 빨래 건조기에서 보푸라기 제거기로 떼어 낸 서로 뒤엉켜 있는 섬유와 같다. 그런데 차이가 있다. 종이의 섬유는 서로 붙어있지만, 보푸라기 제거기에 있는 섬유는 쉽게 떨어진다.

종이의 섬유들은 어떻게 서로 붙어 있을까? 종이를 만들 때 쓰는 두 가지 방법인 '빨기'와 '적시기' 덕분이다.

빨으면 섬유들이 거칠어지고, 적시면 섬유들은 서로 달라붙는다. 중국인들은 이것을 2000년 전에 알아냈다.

그들 덕분에, 그리고 수백 년 동안 더 나은 방법을 찾아 낸 수많은 장인들 덕분에 오늘날 우리에게 종이가 있다.

중국인이 오래 전 발명한 종이 제조법이 독일에 알려지기까지는 거의 1500년이나 걸렸다. 1390년에야 뉘른베르크에 제지 공장이 세워진 것이다.

이 놀라운 기술이 서양에 전달되는 데 왜 이렇게 오랜 시간이 걸렸을까?

蔡倫

중국인들은 채륜이라는 사람이 서기 105년에 종이를 발명했다고 말한다. 그는 나무껍질, 낡은 그물, 그리고 삼끈으로 종이를 만들었다. 중국인들은 채륜에게 감사한 나머지 그의 사당까지 지었다.

오늘날 고고학자들은 채륜이 종이를 발명한 게 아니라는 것을 알고 있다. 중국에서 서기 105년보다 이백 년 앞선 시기에 만들어진 종잇조각들이 발견되었기 때문이다. 채륜은 아마 여러 가지 식물의 섬유로 종이를 만드는 실험을 해 보았던 것 같다. 그는 또한 황궁에서 종이를 사용하도록 건의했다.

중국인들이 종이 제조 비법을 알리고 싶어 하지 않았다는 주장도 있다. 또 당시에는 교통이 너무 느리고 여행이 어려웠다고 말하기도 한다.

하지만 종이란 용도를 알아야 놀라운 것이 되기 때문에 전파에 긴 시간이 걸렸다고 보는 것이 타당하다. 서양인들이 종이의 가치를 아는 데는 수백 년이 걸렸다.

중국인들은 붓에 먹물을 묻혀 글자를 쓴다. 부드러운 종이는 붓으로 글자를 쓸 때 더할 나위 없이 좋다는 것이 밝혀졌고, 수백 년 동안 그들은 오직 종이에만 쓸 수 있는 다양한 서체를 발전시켰다.

그러나 당시 다른 민족들은 갈대로 만든 펜을 썼고, 동물 가죽이나 파피루스 위에 글자를 썼다. 중국 종이를 얻어서 써 보려고 해도 날카로운 펜이 종이를 찢어 버릴 테고, 묽은 잉크는 종이에 검은 얼룩을 남기거나 번지면서 흘렀을 것이다. 그들에게는 중국의 종이가 별 쓸모가 없었다.

그러나 중국인들이 수백 년 동안 글을 쓰기 위한 부드러운 종이만 만들었던 것은 아니었다.

그들은 더 거칠고 질긴 종이를 만드는 법도 알아냈다. 종이를 수액과 즙에 담가 더 질기게 만들어 창문에 발랐다. 그것으로 무기도 만들었다.

또한, 종이에 왁스와 기름을 발라 방수 처리를 해서 우산을 만들었다. 녹말을 발라 딱딱하게 만들기도 하고, 심지어 벌레가 먹지 않도록 독을 발라 책 표지를 만들기도 했다. 서기 751년 무렵에는 그야말로 온갖 종류의 종이가 존재했다.

林建民

중국 붓

양피지는 동물 가죽으로 만든다. 48-49쪽에 자세한 내용이 나와있다.

나는 서기 751년을 택했다. 그해에 종이 제조법이 서쪽으로 퍼져나갔기 때문이다.

중국과 아랍의 전투에서 아랍인들은 중국인 제지공들을 포로로 잡았다. 아랍인들은 그들에게서 종이 제조법을 배웠다.

놀랍게도 그 기술은 50년이 채 되기도 전에 서쪽으로 수천 킬로미터 넘게 퍼져 나갔다. 800년 무렵에 바그다드에서 종이를 만들고 카이로에서 사용하고 있을 정도였다.

아랍인은 양피지에 갈대 펜을 사용했다. 따라서 중국인 제지공들은 날카로운 펜촉에도 견딜 수 있도록 종이에 녹말을 입혀 빳빳하게 만드는 제조법을 알려 주었다.

그 뒤 수백 년 동안 아랍인은 기존의 종이 제조법을 이용해 빳빳한 종이 제조법을 만들어 냈다. 그들은 종이에 녹말을 입혔을 뿐 아니라, 커다란 마노석으로 표면을 문질러 거울처럼 매끈하게 만들었다.

아랍인들의 펜은 종이 위에서 춤추며 아랍어의 곡선과 부드러운 선을 매끄럽고 유려하게 써내려갔다.

제지 기술이 유럽으로 넘어오기까지 또다시 500년이 걸렸다. 아랍인의 포로로 잡혀 그들의 제지 공장에서 고된 노역을 해야 했던 십자군이 석방되면서 유럽으로 제지 기술을 가져왔다고 하는 이들도 있다.

초기에 기록된 제지 공장 일부가 스페인, 프랑스, 이탈리아에 세워진 것으로 보아 이 점은 분명하다. 그러나 처음 제지 공장을 세운 사람들은 불안한 사업에 손을 댄 것임에 틀림없었다. 그런 것을 사려는

뻣뻣한 갈대 펜

넝마는 종이를 낳고
종이는 돈을 낳고
돈은 은행을 낳고
은행은 대출을 낳고
대출은 거지를 낳고
거지는 넝마를 낳네
작자 미상, 18세기

모직 옷으로는 종이를 만들 수 없다. 식물성 재료와 달리 동물의 털은 작은 섬유로 이루어져 있지 않고, 긴 단백질 가닥으로 되어 있어서 필기면으로 만들기 위해 빻을 수 없었다.
모는 자아서 털실을 만들거나, 엉기게 해서 펠트로 만들었다.

사람이 과연 얼마나 됐을까.

마찬가지로 양피지를 쓰고 있던 유럽인들은 양피지의 사용을 포기하는데 아랍인들보다 더 주저했다.

녹말은 성능이 뛰어난 경화제였지만 종이의 촉감을 좋지 않게 만들고, 도르르 펴거나 털 때 양피지만큼 사각거리지 않게 한다.

당시 아랍인인지 유럽인인지는 알 수 없으나, 누군가가 뛰어난 아이디어를 냈다. 그들은 종이를 풀, 그 중에서도 양피지 조각으로 만든 풀에 담그기 시작했다. 결과는 엄청났다. 종이가 양피지처럼 갈라지며 말랐을 뿐 아니라, 냄새도 비슷하게 났던 것이다.

처음에는 일부 유럽인들이 이런 낯선 필기면을 받아들이지 않았다. 내구성이 없다느니 양피지보다 우아하지 않다느니 했지만, 마침내 종이는 점점 퍼져 나갔다.

제지 공장들이 남유럽 여기저기에 생겨나기 시작했고, 1390년 무렵에는 구텐베르크의 문 앞까지 제지법이 도달했다.

당시 종이의 재료는 나무가 아니었다. 대신 옷을 만드는 것이면 무엇이든 종이의 재료가 되었다. 이런 넝마들 중에는 아마 섬유로 짠 리넨이 으뜸이었다. 리넨은 길고 빳빳해서 질기고 오래가는 종이를 만들 수 있었다. 수백 년 전에 리넨으로 만든 종이는 지금 보아도 처음 만들었던 때만큼 하얗고 아직도 새 것 같다.

넝마는 매우 중요한 종이 재료가 되었기에, 대부분의 마을에서 넝마장수는 금방 눈에 띄었다. 넝마장수는 넝마를 적당히 모아 인근 제지 공장에 팔았다.

공장에서 가장 먼저 한 일은 아직 옷에 달려 있는 단

추를 다 떼는 것이었다. 옷에 단추가 남아 있으면 펄프를 만드는 과정에서 으스러진 단추가 나중에 종이 여기저기에 박혀 부드러운 활자를 손상시킬 위험이 있었다.

그다음 일꾼들은 넝마를 잘게 찢어 물에 담갔다. 그 뒤, 축축하게 젖은 넝마들을 둥글게 뭉쳐서 발효되게 두었다.

이 과정에서 자란 박테리아들은 섬유조직을 파괴하고 부드럽게 만드는 활동을 했다. 몇 주 혹은 두 달 정도 후, 뭉친 넝마들이 썩기 직전이 되면 그것들을 제지 방앗간으로 가져가 짓찧어 펄프로 만들었다.

식물학자들은 아마를 리눔 우시타티시뭄Linum usitatissimum이라고 한다. 라틴어를 풀이하면 '가장 쓸모 있는 아마'라는 뜻이다.
아마에서 리넨, 아마씨, 아마씨유, 리놀륨을 얻는 것을 생각하면 잘 지은 이름이다.

넝마장수와 개

식물의 섬유는 D-글루코오스라는 단당류의 긴 사슬인 섬유소로 이루어진다. 우리는 섬유소를 소화시킬 수 없지만, 늘 섭취한다. 섬유소에서 나오는 섬유질은 사람의 소화를 돕는다.

제지 방앗간에는 아무나 들어갈 수 없었다. 이 그림은 내부를 보여주기 위해 일부러 담을 뺀 것이다. 소음은 물론, 물로 질척한 바닥, 공이질할 때 돌확^{공이}로 찧을 수 있게 돌절구 모양으로 우묵하게 판 돌에서 튀어나온 펄프 조각들이 온 사방에 널려 있다.

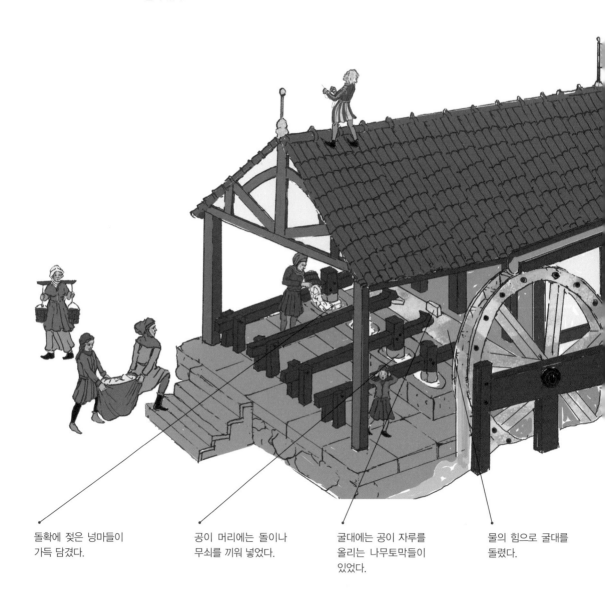

돌확에 젖은 넝마들이 가득 담겼다.

공이 머리에는 돌이나 무쇠를 끼워 넣었다.

굴대에는 공이 자루를 올리는 나무토막들이 있었다.

물의 힘으로 굴대를 돌렸다.

제지 방앗간의 소음은 굉장했다. 쏟아지는 물소리와 무자비하게 찧어 대는 거대한 돌공이 귀를 먹먹하게 만들었다. 피아노 건반이나 낡은 기계식 타자기처럼 내리쳐서 작동하는 공이들은 힘이 엄청났다.

넝마를 펄프로 찧는 것은 쉬워 보이지만, 기술이 필요했다. 제지공들은 펄프가 딱 이 정도면 되겠다 싶은 순간을 잡아낼 수 있어야 했다.

만약 넝마가 덜 찧어지면, 종이 결이 거칠어지고 종이로 만들기도 까다로웠다. 반대로 지나치게 찧어지면, 섬유질이 짧아져서 종이는 부드러운 휴지처럼 쉽게 찢어졌다.

제지공들은 제지 방앗간에서 가져온 펄프를 크림색으로 염색해서 점토색이나 밀가루 반죽 색을 냈다.

다음 목적지는 제지공의 통이었다. 그곳에서 펄프는 물을 가득 담은 통에 던져졌다.

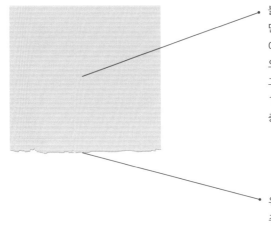

불빛에 비췄을 때 이렇게 보이는 종이를 '걸러서 만든 종이'laid paper'라고 한다. 이것은 1450년에 만들 수 있었던 단 한 가지 종류의 종이였다. 오늘날 우리는 주로 워브 페이퍼wove paper, 즉 그물 무늬를 넣은 고급 종이를 쓴다. 이것은 약 1750년에 발명되었다. 그물 무늬 발은 정교한 방충망처럼 생겼다.

유럽식 발은 만드는 데 몇 달이 걸렸다. 발은 아주 가는 모사와 구리선으로 만들었다. 수작업으로 만든 종이는 가장자리가 거칠고 고르지 않다. 이는 발틀의 가장자리가 꽉 물리지 않기 때문이다.

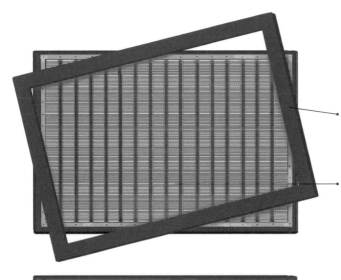

발 위에 발틀이 꼭 맞게 끼워져 있다. 발틀을 펄프 안에 넣어 크기가 고른 종이들을 떠낸다.

걸러서 만든 종이의 특징인 사슬 무늬 줄들

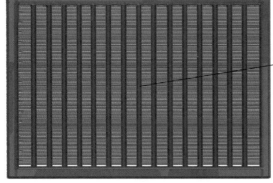

발 뒷면에 나무로 만든 갈빗대들이 보인다. 구리선들이 이 갈빗대에 매여 있다. 갈빗대들은 틀을 단단하게 지지한다.

이곳에서 일하는 사람을 통잡이라고 했다. 그는 걸쭉한 크림처럼 바뀔 때까지 펄프를 저었다. 그리고 특수 제작한 발틀을 펄프 안에 넣었다가 들어 올려 재빨리 털었다.

일 분도 안 돼 물이 빠지면서 거친 섬유들이 결합되며 반짝이는 종이가 되었다.

그런 다음 통잡이는 발틀을 뗌 담당에게 건넸다. 초지가 찢어지지 않도록 발틀에서 잘 떼어 내는 게 그의 일이었다. 그는 능숙하게 발틀을 뒤집어서 펠트 위에 대고 슬슬 밀어가며 눌렀다.

눈 깜짝할 새에, 발틀에서 종이가 떨어졌다. 마치 펠트가 수천 개의 보이지 않는 손으로 종이를 잡아당긴 것 같았다.

종이 더미와 펠트들이 충분히 쌓이면, 다음은 압착공 차례였다. 그는 갓 만든 종이에서 엄청난 물을 짜냈다.

물을 짜낼 수 있는 만큼 다 짜낸 종이들은 위층의 건조실에 널어 말렸다.

그런데 한 장씩이 아니라 네다섯 장 단위로 했다. 그래야 종이가 심하게 쭈글쭈글해지는 것을 방지할 수 있었기 때문이다.

종이가 마르면 분류할 차례였다. 최하급 종이는 제지 방앗간으로 도로 보냈다.

최고급 종이를 만들기 위해서는 추가 공정이 필요했는데, 뼈와 뿔, 발굽과 생가죽과 양피지 찌꺼기로 만든 풀이 필요했다.

주로 말의 털을 꼬아서 만든 건조용 줄에 나무 주걱을 이용해 젖은 종이를 널었다.

이것들을 끓이면 강력한 접착제가 되었는데, 이 접착제를 따스한 물에 풀어 종이에 먹이는 풀을 만들었다. 이것을 갖풀이라고 한다.

갖풀은 종이를 잡아서 안정시켰다. 또한 종이를 빳빳하게 해 주고, 양피지와 비슷한 느낌으로 만들어주었다.

그러나 갖풀을 만드는 과정은 역겨웠다. 제지공들은 갖풀이 썩기 시작해도 그냥 내버려 두었고, 그래서 악취가 진동했다.

너무 값비싼 나머지 버릴 수 없었던 것이다.

일단 종이를 갖풀에 푹 담근 뒤, 또 한 번 여분을 짜내야 했다. 그다음에 마지막으로 종이를 건조실에 널어 천천히 말렸다.

마지막 처치가 남았는데, 그것은 종이에 윤을 내는 일

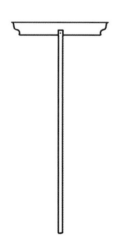

종이를 건조용 줄에 널 때 쓰는 도구를 '나무 주걱'이라고 했다.

이었다. 종이 표면을 유리처럼 매끄럽게 만들어 펜으로
줄을 그어도 번지지 않고, 깔끔하고 분명한 선이 나오게
보호막을 씌우는 일이었다. 이 광택 작업을 '윤내기'라고
했다.

종이를 한 장 한 장 판판한 돌이나 판자 위에 놓고 마노
같은 부드러운 돌로 문질렀다. 광택공이 돌에 더 힘을 줄
수록, 종이 표면은 더욱 반질거렸다.

윤내기를 마치면, 잉크를 묻힌 펜촉이 종이 위에서 매
끄럽게 나갔다. 잉크 선이 깔끔하게 그어져야 읽기 좋
았다.

고급 종이를 만드는 것은 고된 작업이었다. 버려지는
종이도 많았다. 따라서 좋은 종이는 매우 비쌀 수밖에 없
었다.

유럽에서 구텐베르크의 작업에 필요한 품질의 종이를
생산하는 제지공장은 몇 군데밖에 없었다.

이런 곳들 중 하나가 북부 이탈리아 마을 카셀에 있었
다. 현재는 튜린 시의 국제공항이 있는 곳이다.

구텐베르크의 42행 성서에 사용된 종이에서 발견한 워
터마크watermark 덕분에 이 사실을 알 수 있었다.

워터마크는 종이 속에 만든 디자인이다. 종이에 빛을
비춰야만 볼 수 있다.

중국인들은 그들이 만드는 종이를 더욱 아름답게 꾸미
려고 워터마크를 만들었다. 그들은 물결과 구름, 날아다
니는 용, 홰에 앉은 공작 문양을 만들었다.

이에 비해 유럽인들은 자신들의 공장을 알리기 위해
워터마크를 만들었다. 그 덕분에 초창기 인쇄본들에 쓰
인 종이를 누가, 어디에서 만들었는지 알 수 있다.

42행 성서에 쓰인 종이에서 발견된
투명한 워터마크들

워터마크는 발틀의 표면에 가는 철사로 만든 디자인을 꿰매서 만든다. 펄프를 발틀로 뜨면 도드라진 철사 위는 조금 얇게 떠진다. 따라서 상대적으로 덜 얇게 떠진 나머지 부분이 불투명한 데 비해, 그 부분은 좀 더 투명하다.

철사로 된 디자인이 빛의 디자인으로 바뀌는 것이다.

종이가 없었다면 구텐베르크의 발명은 성공하지 못했을 것이다. 종이는 양피지보다 쌌다. 만들기도 더 쉬웠고, 인쇄하기도 쉬웠다.

구텐베르크는 처음에는 종이에 인쇄를 했다. 최소한 지금까지 남아 있는 것으로 보면 그렇다. 그러나 42행 성서를 인쇄하기 시작했을 때에야 비로소 그

발에 투명 로고용 철사를 꿰맨 발틀

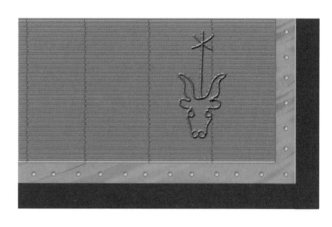

위의 발틀로 떠 낸 종이에 빛을 비추어 워터마크가 보이도록 해 보았다.

는, 책의 일부를 양피지에 인쇄한다면 큰 돈을 벌 수 있을 거라는데 생각이 미쳤다.

양피지는 품위가 있었으나 종이는 그렇지 않았다. 42행 성서는 양피지에 인쇄된 몇 안 되는 책 중 하나였다. 1452년부터 1500년 사이의 전체 책들의 숫자 약 17,000,000권 뿐만이 아니라 인쇄된 책들의 숫자 대략 26,000권 이상 만으로 따져 봐도, 필요한 모든 가죽을 공급할 만큼 동물이 많았을 리 없다.

반면, 종이의 수요를 채우기 위해 필요한 넝마는 매우 넉넉했고, 위험을 무릅쓰고 새로운 제지 공장 설립에 투자할 사업가도 넘쳤다.

모든 것이 빠르게 변화하고 있었다.

이 집과 같은 중세 주택의 소유주는 종이 제품을 파는 문구상들에게 1층을 임대하기도 했다.

1 생가죽에서 살점과 털 긁어내기　**2** 우아한 숙녀들　**3** 무두질용 구덩이　**4** 건조용 틀에 가죽 늘이기

염소들의 선물이었던 가죽

무두질 공장은 중세 마을에서 가장 악취가 심한 곳 중 하나였고, 그렇다 보니 도시의 성벽 밖에 있는 경우가 많았다.

책을 구입할 사람들이 살고 있는 곳에서 가능한 멀리 떨어진 그곳에서 소, 양, 염소, 돼지의 생가죽이 가죽으로 바뀌었다.

향이 좋은 가죽이 그토록 악취가 심한 곳에서 나왔다는 사실이 쉽게 믿기 어렵다.

무두질 공장의 악취는 썩어 가는 생가죽 찌꺼기와 대소변이 뒤섞였기 때문이었다. 동물의 생가죽이 무두질을 거쳐 가죽으로 만들어지는 과정에서 악취는 더욱 심해졌다. 따라서 공장 일꾼들은 최하층 노동계급으로 여겨졌다.

무두장이들에 비하면, 제지공이라는 직업은 부러워할 만한 직업이었다.

무두장이들은 동물의 생가죽을 가죽으로 바꾸고, 또 생가죽이 썩지 않게 하는 일을 했다. 그러기 위해서 자연에서 발견되는 강력한 화학 물질인 간수, 똥, 오줌, 그리고 참나무 껍질에서 얻어지는 일종의 차를 이용해서 생가죽 안의 단백질을 변화시켰다.

가죽이 썩지 않게 하려고 썩은 물질을 이용한 것이다.

가죽을 만드는 것은 복잡하진 않았지만, 중세에 무엇을 만드는 모든 일이 그렇듯이 고된 노동과 훈련이 필요한 일이었다.

누를 수 있는 버튼도, 사용할 수 있는 기계도, 보고 따라할 수 있는 안내서도 없었다. 오로지 오랜 기간 훈련을 쌓고 구전으로 전해지는 기법을 배우는 것뿐이었다.

가죽을 무두질하는 데는 정해진 방법이 없었으며, 지역마다 나름대로 특정한 방법이 전해져 내려왔다.

하지만 모든 지역의 무두장이들이 동물의 생가죽을 가죽으로 바꾸기 위해 반드시 써야 하는 방법이 있었다. 그것은 털을 제거하고, 생가죽을 부드럽게 만들고, 마지막으로 무두질을 하는 방법이었다.

도살업자에게서 신선한 생가죽을 받으면, 근처의 시냇물이나 강물에 담가 생가죽에 남아 있는 살점과 지방을 최대한 많이 제거했다.

만약 바로 무두질을 하지 않을 거라면 생가죽에 소금을 뿌리거나 말려 두었다. 그래야 털을 미처 긁어내기도 전에 생가죽이 상하는 일을 막을 수 있기 때문이었다.

무두장이들은 털이 잘 빠지게 하기 위해 생가죽을 약간 썩게 두거나, 오줌, 잿물, 석회를 이용하기도 했다.

생가죽을 다시 한 번 씻어도 모든 털이 다 빠지는 것은 아니었다. 남아있는 털이나 지방, 또는 원치 않는 조직을 완전히 제거하기 위해서는 무딘 칼로 생가죽을 긁어내야만 했다.

이러한 과정을 거치며 생가죽에서 완벽하게 털이 제거되었지만, 여전히 가죽에 너무 탄력이 있었다. 더 부드럽고, 천과 비슷한 상태로 만들려면 또 다른 과정이 필요했다.

이번에 무두장이는 생가죽을 개똥이나 비둘기 똥을 섞은 물웅덩이에 담갔다. 똥을 이용해 생가죽을 부드럽게 하는 것을 '젓기bating'라고 했는데, 이 낱말은 '휘젓다beat'와 관련된 말이었다.

어떤 무두질 공장에서는 어린이들에게 맨발로 생가죽을 쿵쿵 짓밟게 했다. 그러면 짓이겨진 똥이 가죽의 잔구멍 안에 스며들었다.

'스커드scud'라는 말이 어디서 왔는지는 모르나, 이 말은 생가죽 위에 아직 붙어 있는 털과 '오물crud'을 뜻한다.
한 가지 확실한 것은, '스커드scud'는 발음 자체가 역겹다는 것이다.

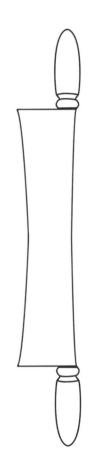

위의 그림은 양쪽 손잡이가 있는 스커딩 나이프이다. 무두장이는 젖은 가죽을 통나무에 걸쳐 놓고 무딘 스커딩 나이프로 밀어 털과 살점을 긁어냈다.

콜라겐은 피부를 결합시키고, 힘과 탄력을 주는 단백질이다. 근육, 뼈, 각막에서 주로 발견된다.

젓기가 끝나면 생가죽에 탄력을 주던 성분이 완전히 바뀌었다. 생가죽은 넝마만큼 노글노글해졌고, 무두질에 적합해졌다.

생가죽에 무두질을 한다는 것은 참나무 껍질 같은 식물성 용액에 가죽을 담가둔다는 의미였다.

참나무 껍질에는 특정한 갈색 화학물질인 타닌이 들어있다. 입에 닿는 순간, 입술을 오드라들게 하고 입 안의 모든 물기마저 빨아들일 기세의 물질이다.

타닌은 차와 블루베리에도 들어있다. 이것을 캔에 든 탄산음료에 넣으면 음료가 '보르르' 거린다. 식물에게 타닌은 질병과 병충해를 막아 주는 성분이며, 무두장이에게는 가장 중요한 부패를 막아 주는 역할을 했다.

타닌은 타닌산이라고도 하는데, 참나무에 매우 많이 들어있다. 중세에는 참나무 껍질을 짓이기고 빻아서 가루로 만드는 방앗간들이 있었다.

무두장이들은 이 가루를 물웅덩이에 넣어 잘 섞어 녹인 뒤, 생가죽을 그 안에 넣었다. 생가죽은 천천히, 때때로 일 년 넘게 물웅덩이에 담가져 있었다.

타닌산을 흡수한 생가죽은 보호막이 입혀져 쉽게 썩지 않았고 심지어 수백 년도 끄떡없을 가죽이 되었다.

이 보호막은 집에 페인트칠을 하거나 차에 왁스칠을 하는 것과는 완전히 달랐다. 타닌산에 의한 보호막은 생가죽에 푹 스며들어 그 구조 자체의 일부가 되었다.

질긴 가죽을 만든 건 무두장이였지만, 그 가죽을 쓸 만하게 만드는 것은 다른 장인의 몫이었다.

이런 장인을 제혁공이라고 불렀다. 그들은 가죽을 재단하고, 부드럽게 만들고, 광택을 입혔다. 또한 가죽을 특수한 칼로 잘라서 재빠른 솜씨를 발휘해 부츠와 마구에 쓸 두꺼운 가죽을 만들었고, 신발 윗부분과 숙녀용 장갑과 책 표지에 사용할 부드러운 가죽도 만들었다.

중세에는 가죽을 염색하는 경우가 많았다. 무두질 공장에서 막 나온 가죽은 분홍빛이 도는 흰색으로, 보기에 그다지 좋지 않았기 때문이다. 무슨 색으로든 염색할 수 있었지만, 책 표지에 가장 많이 쓰인 색은 갈색이었다.

갈색 염료는 호두나무의 잎, 단단한 껍데기와 속껍질에서 얻었다. 염색공들은 나무에서 모아 온 것들을 물에 넣고 커피처럼 거무튀튀해질 때까지 끓였다. 끓인 것을 거르고 식혀서 한나절 정도 혹은, 그들이 원하는 갈색이 될 때까지 담가 두었다. 그 다음에는 가죽을 널어 말렸다.

더 짙은 색을 원하면 한 번 더 염색하거나, 가죽에 기름이나 왁스를 먹였다. 이러면 염색도 진하게 되고 가죽도 반질거렸다.

가죽에 대한 이야기를 마무리 짓기 전에 송아지 피지 만드는 법을 설명하려 한다. 송아지 피지는 중세에 필기면으로 많이 이용되었다. 종이가 유럽에 도입되기 전 대부분의 책들은 송아지 피지에 쓰였다.

중세의 제혁공들이 쓴 호두나무는 페르시아호두나무Juglans regia였다. 흑호두나무Juglans nigra에서도 매우 진한 염료를 얻을 수 있지만, 북아메리카 토착종이기 때문에 1450년의 유럽인들에게는 알려지지 않았다.

송아지 피지vellum는 영어 '송아지 고기 veal'에서 나온 말이다. 어린 송아지의 가죽으로 완벽한 송아지 피지를 만들 수 있었다. 송아지가 어릴수록 송아지 피지는 더 얇고 얼룩도 거의 없었다.

양피지는 동물 가죽으로 만든 또 다른 필기면이다. 정확히 말하면, 송아지 피지는 오로지 송아지 가죽으로만 만든다.

양피지는 염소 같은 다른 동물 가죽으로도 만들 수 있다. '양피지parchment'라는 낱말은 지금의 터키에 있는 고대 그리스 도시 이름인 페르가몬Pergamon에서 유래되었다. 양피지는 이집트 파피루스의 대안으로 발전되었는데, 아마도 북을 싸는데 쓰인 생가죽에서 비롯된 것 같다.

구텐베르크는 종이 대신 송아지 피지에 인쇄하기도 했는데, 나는 그것을 그의 42행 성서 고급본이라고 부른다.

송아지 피지는 다른 가죽을 만들 때와 많은 부분에서 똑같은 과정을 거쳤다. 즉, 물에 적시고, 부드럽게 하고, 털을 제거하는 것은 같다. 차이점은 송아지 피지를 만들 때는 전혀 두들기지 않았고, 무두질도 하지 않았다는 것이다.

송아지 피지 제조업자들은 말랑말랑한 생가죽을 원치 않았다. 그들은 어느 정도 뻣뻣한 상태를 원했다. 송아지 피지가 잘 썩든 말든 관심 없었다.

그들에게 송아지 피지의 가장 중요한 성질은 얇고, 하얗고, 매끄러워서, 필경사의 깃털펜으로 쓰기에 딱 알맞다는 점이었다.

생가죽의 털을 제거한 다음, 그것을 나무틀에 매서 팽팽하게 잡아당겼다. 이렇게 하면 생가죽 표면이 평평해져서 날카로운 달 모양의 칼로 구멍을 내지 않고도 가죽을 손질할 수 있게 해 주었다.

작업자가 쓰는 짧은 이 칼을 루넬라리움^{lunellarium} 이라고 불렀다. 송아지 피지 제조업자들은 이 루넬라리움으로 생가죽을 밀어서 종이처럼 얇은 송아지 피지를 만들었다. 그런 뒤 생가죽을 햇빛에 비추면 전등갓처럼 은은히 빛났다.

그 다음 송아지 피지 제조업자는 속돌^{마그마가 굳을 때 휘발성 성분이 빠져나가 구멍이 많아진 돌}을 이용해 표면을 더욱 매끄럽게 했다. 속돌은 사포와 같은 효과를 냈다.

가죽 표면을 갈 때 먼지가 많이 날렸는데, 그것이 코에 들어가면 마치 풀처럼 끈끈해졌다.

이 정도면 이제 팔아도 될 것 같았지만, 까다로운 필경사들은 표면을 더욱 매끄럽게 하고, 잉크가 겉돌지 않게 송아지 피지의 기름기를 완벽하게 제거했다.

필경사는 표면을 속돌 가루, 백악, 심지어 오늘날 바이올린 연주자들이 쓰는 송진 같은 것으로도 문질렀다.

이 작업까지 끝낸 필경사는 종이보다 고급스럽고, 물감과 금으로 장식하기 알맞은 필기면을 갖게 됐다.

루넬라리움^{lunellarium}은 '루넬룸^{lunellum}'이라고도 했다. 이 두 라틴어 낱말은 영어 '달의^{lunar}'와 관련된 말이다.

속돌을 구할 수 없으면, 필경사들은 밀가루, 이스트, 곱게 간 유리로 만든 위험한 빵을 구웠다.
빵이 다 구워지면 오븐에서 꺼내 네모로 작게 잘라 굳혔는데, 이 유리 가루 빵은 송아지 피지를 매끄럽게 다듬는데 매우 유용했다.

1 낮 11:30을 가리키는 해시계   2 도둑   3 자고 있는 서기와 선반에 놓인 금박 꾸러미들   4 금을 사거나 팔려는 고객

5 유대인 가게 주인기독교도가 아님을 나타내려 소매에 금고리를 달았다. 14세기 중반, 유대인들은 특별한 검은색 모자나 금고리, 노란 '다윗의 별' 같은

식별표를 달거나 써야 했다. 이런 식별표들은 독일 나치 정권 때 절정을 이루었다. 벽에 붙은 라틴어 액자는 반짝인다고 해서 모두 금은 아니라고 쓰여있다.

6 금박공들   7 평형추가 세 개 있는 저울   8 콜럼버스 이전에 알려진 세계지도

나비의 날개 같은 금

금은 굉장한 금속이다. 일단 절대 변색되지 않는다. 구리나 은이랑 섞어 다른 금속으로 만들 수도 있다. 무겁지만 부드럽다. 매우 부드럽고 말랑말랑해서, 깨거나 부수지 않고 두드려서 모양을 만들 수 있다.

겨우 설탕 한 조각 정도 크기인 금을 두들겨 펴면, 차 두 대가 들어가는 차고 바닥 전체를 덮을 수 있을 정도의 크기가 된다! 물론, 그렇게 두드려 늘인 금은 믿을 수 없을 만큼 얇아진다.

중세 사람들은 선조들 못지않게 금의 이 특별한 속성을 잘 알고 있었다. 아주 고대에서부터 인간은 나무로 된 신상이나 왕궁의 벽을 덧씌우기 위해, 또는 가장 신성하게 여기는 책을 장식하기 위해 금을 이용했다.

금에는 또 다른 중요한 특성이 있었다. 희귀하기 때문에 가치가 있다는 점이었다. 사람들은 금을 얻기 위해서라면 힘든 일도 마다하지 않았다. 때때로 금은 강이나 시냇물 바닥에서 발견되었지만, 주로 땅 속에서 파내야만 했다.

중세 금 산지 중 하나는 팀북투와 가오라는 부유한 도시들이 있는 아프리카 말리 왕국이었다. 말리 사람들은 왕국을 관통하며 흐르는 니제르강의 진흙탕 물속에서 사금을 채취했다.

'펴 늘릴 수 있는malleable'은 라틴어 '망치malleus'에서 비롯된 말이다. '펴 늘릴 수 있는'이란 '망치질할 수 있는'이란 뜻이다.

1375년 스페인에서 만든 지도에 말리 왕국의 위대한 아프리카 지도자 만사 무사가 커다란 금 조각을 들고 있는 그림이 나온다. 그는 1280년부터 약 1337년까지 살았다.
그가 메카 순례 길에 이집트에 들렀는데, 그때 금을 너무 많이 뿌린 나머지, 온스 당 금 가격이 떨어졌다고 한다.

사실 '팬드panned, 선광 냄비로 사금을 채취하는 것'는 정확한 표현이
아니다. 1850년대에 캘리포니아에서 사금을 채취하던 사람들
은 바닥이 얕은 선광 냄비를 썼다.

하지만 말리 사람들은 커다란 바가지를 이용했는데, 꽤 효
율적이었다. 그들은 강바닥에서 자갈을 바가지에 수북이 떠서
흔들었다. 무거운 금이 바가지 바닥에 가라앉아 알아보기 쉬
웠다.

보통 사금을 채취할 때는 금가루만 나왔지만, 운이 좋으면
작은 금 조각을 찾아내기도 했다. 날이 저물 무렵, 사람들은 강
에서 나온 것이면 무엇이든 상인에게 가져갔다. 상인들은 금
가루와 조각들을 저울에 단 뒤, 곡식이나 소, 구슬, 천으로 지
불했다.

상인들은 금을 녹여 긴 막대로 만들고, 그것을 낙타에 실어
사하라 사막을 거쳐 북쪽으로 가져갔다.

금은 세상에서 가장 부유한 도시들로 향하게 될 터였다. 그
곳에서 금은 가장 비싼 가격에 팔렸고, 금화로 주조되거나 금
박으로 만들어졌다.

구텐베르크의 관심을 끈 것은 금박이었다.

금박은 어떻게 만들어지고, 무엇에 쓰였을까?

금을 두드려서 금박으로 만드는 과정은 단순한 만큼 고된 일이었다. 첫 번째 단계는 금을 두드리거나 펴서 얇은 편으로 만드는 것이었다.

중세의 금박공들은 길이 7.62센티미터에 너비 2.5센티미터 짜리 금 조각으로 일을 시작했다. 다 끝내면 그 금의 길이는 무려 12.8미터까지 늘어났다.

그러나 종이처럼 얇은 금도 여전히 너무 두꺼웠다. 그래서 금박공들은 그 금을 7.6센티미터짜리 정사각형으로 잘라서 쌓았다.

금이 서로 붙지 않도록 사이사이에 네모난 종이나 양피지를 끼워서 통째로 말아 꾸러미로 만들었다. 금판 75장 들어 있는 꾸러미는 두터운 화강암을 덧댄 탁자 위에 놓였다.

그런 뒤 금박공은 꾸러미를 두드리기 시작했다. 8킬로그램짜리 망치로 내리쳤는데, 꾸러미가 쿠션 역할을 해서 금이 찢어지는 것을 막아주고 망치질에 탄력을 주었다.

마침내 금은 19제곱센티미터에서 거의 38제곱센티미터로 크기가 4배 늘어났다. 그렇지만 여전히 더 얇아져야 했다.

금박공은 조심스럽게 꾸러미를 풀었다. 그리고 네모난 금 조각들을 네 개로 잘라, 약 360개의 사각형이 들어간 꾸러미를 또 하나 만들었다. 이번에는 종이나 양피지 대신 얇고 질긴 황소의 창자를 사이사이에 끼웠다.

금박공은 처음 사용하던 망치보다 반 정도 무게가 나가는 망치를 골랐다. 처음에 쓰던 망치로 두들기다가 금이 찢어지면 안 되기 때문이었다.

4킬로그램짜리 망치가 공중으로 올라갔다 내려갔다. 이번 망치질에는 두 시간이 걸렸고, 금은 마침내 나비 날개보다 얇아졌다. 숨 한 번이나 한 줄기 산들바람에도 날아갈 수 있을 정도였다.

그렇지만 여전히 금은 더 얇아져야 했다. 더 작은 조각으로 나누어서 다시 새 꾸러미로 만들고, 마지막으로 한 번 더 두들겨야 했다. 이때가 가장 조심스러웠는데, 너무 많이 두드리면 금이 찢어지기 때문이었다.

마지막으로 완성된 금은 완전히 다른 모습이었다. 한 조각 금이었던 것이, 이제는 거의 투명할 정도로 얇은 7.6센티미터짜리 네모난 금박 1,200장으로 바뀐 것이다.

금박은 약 25장짜리 작은 책 모양으로 묶었는데, 금박과 금박 사이에 얇은 종이 한 장을 끼워 넣었다.

이런 작은 책들은 선반 위에 얹어져 반짝이는 금을 가질 재력이 있는 부유한 구매자들을 기다렸다.

금박을 가지고 일하는 사람을 금박공이라고 불렀다. 책장을 장식하는 일을 하는 사람은 빛을 비추는 사람illuminator 이라는 뜻을 가진 채식사라고 불렀다.

검은색 잉크로 쓰인 사본에 장식된 금박이 춥고 어두운 도서관의 촛불들과 기름등잔의 불꽃들을 반사해서 글자에 빛을 비춰주기 때문이었다.

채식사가 금을 입힐 부분

이 그림은 현재 일본 도쿄의 게이오기주쿠 대학교가 소장한 구텐베르크의 42행 성서에서 가져왔다. 15세기 마인츠에서 채식한 것으로 추측된다.

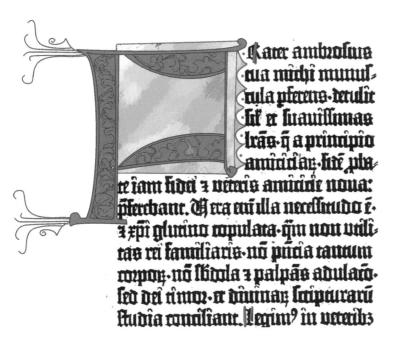

라틴어로 쓰인 이 문단은 이렇게 시작한다.

Frater ambrosius
암브로시우스 형제

Friar Ambrose
앰브로스 수사

1 호두 모으기   2 장작 모으기   3 잉크 갈기   4 열매 기름 압착   5 심지에 불 붙이기   6 기름 끓이기

호두 모으는 사람

잉크는 물감과 마찬가지로 어떤 색깔이든 만들 수 있다. 수성과 유성이 있으며, 묽기도 하고 버터만큼 뻑뻑할 수도 있다.

인쇄용 잉크를 만들려면 검은색으로 만들어 주는 염료와, 종이에 달라붙게 만드는 물질이 꼭 필요하다.

검은색을 내려면 일단 등잔 그을음이 필요했다. 등잔 그을음이라는 단어는 촛불을 조명으로 사용하던 시절에 생겼다.

갓을 씌워 촛불을 가리면, 갓에 금방 그을음이 잔뜩 달라붙는다. 이 그을음을 긁어내면 고운 검은색 가루를 만들 수 있다.

잉크를 반짝반짝한 검은색으로 만드는 재료가 바로 이 가루였다. 그 다음에는 검은색 가루를 결합시켜 종이에 달라붙게 하는 물질이 필요했다.

아마도 구텐베르크는 다양한 접착제로 실험했던 것 같다. 풀은 너무 잘 달라붙어 종이들이 인쇄 활자에서 떨어지려 하지 않았다. 물을 사용하면 잉크가 너무 묽어져서 인쇄 활자 위에 붙어 있으려 하지 않았다.

구텐베르크가 찾아낸 효과적인 물질은 바로 기름이었다.

그러나 아무 기름이나 쓸 수는 없었다. 자연에는 수천 가지의 기름이 있는데, 이 중에는 기름기가 절대 사라지지 않는 것들이 있다. 인쇄에 필요한 기름은 마르면서 반짝이는

질긴 막으로 변하는 것이어야만 했다.

　다행스럽게도 사람들은 이전부터 안료를 기름에 섞어 물감으로 사용하고 있었다. 물감으로 성당 벽을 장식하고, 목판에 발라 천에 문양을 찍었다.

　그때 사용한 기름이 아마 씨나 호두를 거대한 압착기에 넣으면 줄줄 흘러나오는 기름이었다.

　사람들은 아마 씨 기름과 호두 기름을 조리하면 마르는 시간을 단축할 수 있다는 것을 알아냈다. 그래서 밖에 기름을 놓아 햇빛으로 말리거나, 불을 이용해서 기름을 가열하기도 했다.

　두 가지 과정 모두 기름의 화학 구조를 변화시켜 일종의 비닐이나 니스로 바꿨다.

　기름을 불에 가열하면 좀 더 빠르게 니스를 만들 수 있었지만, 이는 아주 위험한 일이었다. 끓는 기름 솥에 불이 나기 쉬웠고, 심지어 폭발할지도 몰랐다. 근처에 집들이 다닥다닥 붙어 있으면 불이 옮겨 붙을 수도 있었다. 따라서 마을 사람들의 안전을 위해 니스 제조업자들은 성문 밖에서 작업해야 했다.

　마을 사람들이 불길에 휩싸일지도 모른다고 두려워하기만 했던 것은 아니었다. 니스를 만들 때면 끓는 기름에 도넛을 튀기는 행복을 누릴 수도 있었다.

　밀가루 반죽이나 빵, 양파를 끓는 기름에 넣으면 좋다는 것이 밝혀지기도 했다. 기름을 맑게 해서 그리스^{grease}, 즉 끈적이는 기름기를 없애는 데 도움을 주었기 때문이다.

　인쇄업자들은 이 기름기를 달가워하지 않았다. 기름기가

a a

잉크에 기름기가 있으면 시간이
지난 뒤 번져 버린다

있는 잉크를 여러 번 사용하면 글자 주위에 갈색 무리가 남기 때문이었다.

등잔 그을음을 모으는 것은 까다롭고 지저분한 일이었는데, 기름을 짜고 그것을 니스로 만드는 일도 그랬다. 그러나 정말로 힘든 일이 하나 더 남아 있었다. 바로 잉크를 가는 일이었다.

잉크 가는 사람은 마른 등잔 그을음을 납작한 돌 위에 놓고, 그을음에 니스를 조금 부었다. 그리고 한쪽이 납작한 돌인 뮬러muller, 즉 공이로 그 등잔 그을음과 니스를 천천히 섞었다. 그리고 공이에 힘을 주며 잉크를 갈았다.

등잔 그을음 입자들이 으깨져서 잉크가 버터만큼 부드럽게 될 때까지 공이로 빙빙 돌려 갈아냈다. 갈면 갈수록 잉크는 더욱 고와졌고, 가루가 고울수록 인쇄된 글자들은 더욱 선명해졌다.

잉크 가는 사람은 몇 시간 동안 계속 공이를 돌리며mull 일했기 때문에 아마 생각할 시간이 많았을 것이다. 그래서 영어에 '궁리하다mull over'라는 말이 생겼다.

등잔 그을음과 기름 외에 어떤 재료를 구텐베르크가 잉크에 넣었는지는 아무도 모른다. 어쨌든 그가 사용한 잉크는 500년이 지나서도 여전히 검은색이 바래지 않고, 마치 금방 인쇄한 듯이 반짝인다.

다행스럽게도 구텐베르크의 잉크 제조법을 조금 알 수 있는데, 그 후에 나온 인쇄업자들 중에 비법 일부를 남긴 경우가 있기 때문이다.

어떤 인쇄업자들은 마른 소나무 수액인 송진을 첨가했다. 그러면 잉크가 더욱 반짝였다. 어떤 이들은 니스에 납을 넣고 가열해서 되도록 기름기 없는 잉크를 만들었다.

또한, 귀한 청금석으로 만든 파란색이나, 인디고 풀 114쪽 참고 에서 얻은 짙은 파란색 같은 비싼 염료를 섞은 이들도 있었다. 파란색을 넣으면 잉크에 윤이 자르르 흘렀다.

구텐베르크는 그가 만들 수 있는 한 최고급의 잉크를 만들었다. 반짝이는 검은색 글자를 펜으로 깔끔하고 날카롭게 쓸 수 있는 필경사들 및 필사생들 글씨를 베껴 써 주는 일을 직업으로 하는 사람들 과 경쟁하고 있었기 때문이었다.

구텐베르크가 성공하기 위해서는 자신의 인쇄본이 모든 면에서 필사본만큼 좋다는 것을 세상에 증명해야 했다. 그래서 그는 여러 가지 제조법을 실험해서 가장 적합한 잉크를 찾아내야 했다.

자신의 제조 비법을 지켜야 성공할 수 있었으므로, 그는 누구에게도 그것을 말하지 않았고 자신의 비밀을 무덤까지 가져갔다.

구텐베르크가 검정색 잉크를 만들기 위해 탄소를 이용했다는 이야기가 전해 내려온다. 탄소는 얻기 쉽다. 나무를 때면 나온다.

과학자들은 그의 잉크를 분석하려고 했지만, 성공하지 못했다. 그것을 분석하려고 하다가 귀중한 구텐베르크의 인쇄본들을 망칠 위험을 그 누구도 감수하려 하지 않았기 때문이다.

과학자들은 화학적 분석을 하기 위해 무해하다는 원자보다 작은 입자들로 인쇄본에 폭격을 퍼붓는 등의 방법을 시도하기도 했다. 그러나 결과는 실망스러웠다. 그런 기술로는 탄소의 존재를 찾아낼 수 없었다. 오로지, 구리와 납 같은 것들만 보여주었다. 그래서 좀 더 많은 사실이 밝혀지기 전까지는 구텐베르크는 탄소를 사용했다, 라고 추측할 뿐이다.

오랫동안 사람들은 탄소를 이용해서 무엇인가를 쓰곤 했다. 모닥불 터에서 숯이 된 막대기를 주워 그것으로 동굴 벽에 그림을 그린 동굴인들이 아마 최초였을 것이다.

이집트 사람들도 탄소를 이용했다. 그들은 탄소 덩어리를 갈아서 묽은 잉크를 만들었다. 이 잉크로 그들은 파피루스 위에 글을 썼다.

우리는 오늘날에도 탄소를 이용한다. 연필은 탄소로 이루어진 흑연으로 만들어진다. 그리고 레이저 프린터와 복사기의 토너에도 탄소가 들어간다.

그렇다면 구텐베르크는 어떤 잉크를 원했을까? 우선 그는 바래지 않고 지속되는 검정색 잉크가 필요했다. 또한 끈끈해서 금속 활자에 발라도 흘러내리지 않고 그대로 있어야 했다.

구텐베르크는 또한 활자에 아주 얇게 바를 수 있는 잉크를 원했다. 너무 두껍게 발리면 인쇄된 글자들이 지저분하고 진득해졌다.

또한 인쇄할 때 잉크가 활자에서 떨어져 나와 종이에 붙어야 하는데, 만약 잉크의 접착력이 너무 높으면 종이는 찢어졌다. 그리고 잉크가 너무 마른 상태라면 활자가 인쇄되지 않았다.

마지막으로 잉크는 일단 종이로 옮겨지면 바로 마르고 굳어야 했다. 그렇지 않다면 독자들 손은 잉크투성이가 될 테고, 책을 덮었을 때 인쇄된 페이지가 맞은편 페이지를 얼룩지게 하기 때문이었다.

적합한 잉크를 찾는 것은 골디락스『골디락스와 곰 세 마리』의 등장인물 가 마음에 쏙 드는 죽을 찾는 것과 같았다. 모든 것이 딱 맞아 떨어져야 했다.

1 코르프 하우스 　　2 작업장에서 구텐베르크가 금속 각인기를 줄로 갈고 있다.

3 나침반, 삼각대 같은 도구들과 글자 밑그림들 　　4 땔감 담당 　　5 화로 앞에서 활자를 주조하고 있다.

6 활자함 안에 활자를 두거나 갓 주조된 활자를 넣는 중이다.

7 이 사람은 해고될까? 　　8 불이 더 활활 타게 하는 풀무

은화처럼 반짝이는 활자

구텐베르크가 태어나기 훨씬 이전에 이미 활자가 있었다. 11세기에 비성이라는 중국인이 활자를 발명했는데, 그는 점토로 활자를 만들어 불에 구웠다.

비성의 발명은 금방 성공하지는 못했다. 대부분의 사람들은 중국어의 쓰기 체계에 수천수만 개의 글자가 있기 때문이라고 생각하지만, 사실 그게 아니었다. 비성의 발명은 전통 인쇄 방식과 경쟁해야 했다.

전통 인쇄 방식은 한 페이지의 글자들을 목판 한 판에 모두 새기는 것이었다. 출판업자들은 그렇게 새긴 목판들을 보관해 두었다가, 고객이 그 책을 한 부 원하면 목판을 꺼내 인쇄했다.

비성의 인쇄 방식은 달랐다. 일단 한 페이지가 조판되면, 그가 팔겠다고 생각한 만큼의 부수를 모두 인쇄했다. 그다음에 활자를 도로 해체해서 새로운 페이지를 조판했다.

그러나 중국 상인들에게 많은 돈을 들여 인쇄본을 보관하는 것은 별 의미 없었다. 차라리 돈을 목판들에 묶어 놓는 게 낫다고 생각했다.

책이 안 팔릴 수도 있고, 벌레들이 먹을 지도 모르는 일이었다. 또한 도둑들이 훔쳐갈 지도 모르는 수천 부의 인쇄본에 돈을 들일 필요가 없었다.

비성은 서기 880년부터 1151년까지 살았다. 그의 이름을 한자로는 이렇게 쓴다.

활자는 기본적으로 글자 도장이다. 재료는 점토나 금속, 나무 등 무엇이든 상관없다.

무엇에 쓰는 것인지도 상관없다. 낱말을 종이에 인쇄하기 위한 것일 수도 있고, 점토에 찍기 위한 것일 수도, 금속에 두드려 넣기 위한 것일 수도 있다.

독일 레겐스부르크의 푸뤼페닝 수도원에는 조각한 문자들을 부드러운 점토에 찍어서 만든 명문들로 빼곡한 벽이 있다. 이 명문의 날짜는 서기 1119년이다.

이보다 앞서 상징들로 빼곡한 둥글고 납작한 점토인 파이스토스 원반도 같은 기법을 이용해 약 4,000년 전 크레타에서 만들어졌다.

주화 제작 외에도 금속에 찍은 것으로는 약 서기 1,200년에 만들어진 이탈리아 시비달레의 은제 제단 부조가 유명하다.

목판 한 장에 새겨진 페이지

활자 인쇄를 반대하는 이유는 많았지만, 비셩의 아이디어는 계속 개선되었다.

1450년 무렵 중국과 한국의 인쇄업자들은 활자로 조판된 책을 인쇄하고 있었다. 그 시기에는 활자를 만들 때 점토를 불에 구워 만들지 않고, 목판이나 금속으로 만들었다.

유럽인들이 중국의 활자에 대해 알고 있었는지의 여부는 확실치 않다. 여행자들이 이런 새로운 기술이 있다는 사실을 퍼뜨렸을지도 모른다.

하지만 설사 그랬다 해도 유럽의 글자는 중국의 글자와는 같지 않아서, 그 누구도 이 발명의 중요성을 알아보지 못했다.

한자 활자로 조판된 같은 페이지. 약 1,000년 전에 선 쿠오의 『꿈의 흐름 : 내 붓과의 대화들몽계필담』에 나온 비셩의 발명에 대한 내용이다.

비셩의 활자는 '활자' 즉 '살아있는 글자'로 알려져 있다. '살아 있는 글자' 대신 우리는 '움직일 수 있는 글자'라는 뜻을 가진 '가동 활자'라고 부른다.

우선, 모든 한자는 크기가 같았다. 그래서 활자를 자르고 조판하는 게 쉬웠다.

라틴어 알파벳은 달랐다. 어떤 글자는 폭이 넓었고, 어떤 것들은 좁았다. 어떤 것들은 길었고, 어떤 것은 짧았다. 게다가 각 글자는 가상의 기준선에 놓여야 했다. 그렇지 않으면 낱말들은 들쑥날쑥하고, 읽기 어려워진다.

이런 어려운 문제들은 구텐베르크 같은 사람이 나와야 풀릴 터였다. 그가 금 세공사였는지는 알 수 없지만, 어쨌든 라틴어 알파벳용 활자를 만드는 데 필요한 기술과 지식을 가졌던 것은 틀림없다.

구텐베르크의 아이디어는 활자를 금속으로 만드는 것이었다.

그런데 금은 너무 무르고 비쌌다. 주석과 납은 값은 싸지만 역시 너무 물렀다. 어느 순간, 그는 여러 금속을 섞어서 녹여 보았고, 그러다가 합금을 만들어냈다.

그가 합금을 몇 종류나 만들었는지는 모르지만, 1440년 즈음에 납을 주석과 안티몬에 섞어 완벽한 금속을 만들어 냈다.

오늘날 '활자 합금'이라고 부르는 이 합금은 제작 비용이 저렴했다. 낮은 온도에서도 녹았고, 눌러도 될 만큼 단단했다.

가장 중요한 것은 금속이 식었을 때 수축하지 않는다는 점이었다. 그리고 몰드의 세세한 부분까지 남김없이 옮겨낼 수 있었다.

중국 어린이들은 글자를 상자 안에 꼭 맞게 들어가게 쓰도록 교육받는다.

기준선이 그려진 종이에 라틴어 글자들을 쓰는 법을 배워 보자. 각 글자를 선 안에 맞게 써야 한다.

구텐베르크가 활자 제작에 대한 아이디어를 어떻게 얻었는지 아는 사람은 없다. 어떤 이들은 그가 1400년대 초에 나무로 활자를 만들었던, 네덜란드 할렘 시 출신 라우렌스 잔순 코스터에게서 아이디어를 얻었다고 말한다.

또 다른 학자들은 코스터가 자기의 아이디어를 구텐베르크의 동업자인 요하네스 푸스트라는 독일인에게 알려 주었다고 말한다. 구텐베르크의 형제가 코스터와 함께 일했다고 하는 이도 있다. 정확히 밝혀진 것은 없다.

조정이 가능한 두 개의 L 몰드는 독창적인 것이었다.

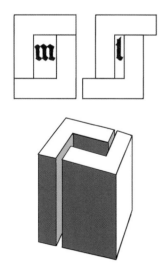

구텐베르크가 발명한 몰드는 엄청난 걸작이었다.

손에 쏙 들어갈 정도로 작은 크기였으며, 나무로 단열 처리를 해서 녹은 금속 때문에 화상을 입을 염려도 없었다. 또한 단순해서 만들기도 쉬웠다. 무엇보다 좋은 점은 다시 사용할 수 있었고, 필요한 모든 글자와 기호를 주조할 수 있다는 것이었다.

구텐베르크의 몰드는 다음의 두 가지 특성 때문에 다시 사용할 수 있었다. 첫째, 몰드는 두 개의 L 모양 금속으로 만들어졌는데, 이것으로 어떤 글자의 너비든 조정할 수 있었다. 둘째, 몰드 바닥의 어미자납을 부어 활자의 글자 부분이 나타나도록 하기 위해 글자를 새긴 판만 바꾸면 자기가 원하는 어떤 글자도 만들 수 있었다.

어미자는 활자의 도드라진 글자 부분을 만들어 주는 몰드의 일부였다. 어미자를 만들기 위해 구텐베르크는 특별히 깎은 강철 각인기patrix를 사용하여 글자의 모양을 구리에 더 깊게 박았다.

그다음에 어미자를 줄로 다듬어서 끼워 맞추었다. 몰드에 꼭 맞으면 글자가 똑바로 인쇄되었고, 그렇지 않으면 글자들은 비뚤어진 상태로 인쇄되었다.

옆의 그림은 글자 n이 만들어지는 과정이다. 글자를 만들 녹인 금속을 깔때기 모양의 주입구를 사용해 몰드 안에 붓는다. 글자를 몰드에서 빼고, 주입구 안에 있는 금속을 잘라낸다.

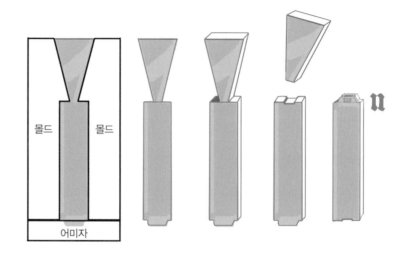

몰드　　　몰드

어미자

Type from the 1454 Bible

A B C D E F G H I J K L M N O
P Q R S T U V W X Y Z a
b c d e f g h i j k l m n o p q
r s t u v w x y z 1 2 3 4
5 6 7 8 9 o n â ā ä ç é
ï ō ö ü p ꝑ z ꝺ
ꝰ m̄ æ œ ff
! ˊ ˴ ⁏ ⁄
Ꝯ

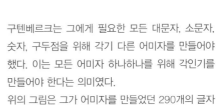

구텐베르크는 그에게 필요한 모든 대문자, 소문자, 숫자, 구두점을 위해 각기 다른 어미자를 만들어야 했다. 이는 모든 어미자 하나하나를 위해 각인기를 만들어야 한다는 의미였다.

위의 그림은 그가 어미자를 만들었던 290개의 글자들과 숫자 및 기호들 일부이다. 이 활자는 '텍스투라 Textura'라고 불리기도 하는데, 15세기 독일에서 매우 인기가 높았던 손글씨체를 본 딴 것이다.

구텐베르크가 직면했던 어려움을 상상할 수 있다. 그는 자신의 활자가 손글씨처럼 아름답게 보이도록 모든 삐침과 곡선 부분을 딱 맞게 만들어야 했다.

구텐베르크는 소문자 e를 만들기 위해 글자를 인쇄했을 때 바른 방향으로 나오게 미리 모든 단계를 하나하나 고민해야 했다. 옆 페이지의 그림들은 카운터 각인기 제작 때부터 어미자까지, 그리고 최종 인쇄될 때까지 e의 변화 과정을 보여준다.

어미자Matrix는 라틴어로 '원천' '요인' 또는 '근원'이란 뜻이다. 매트릭스는 무언가가 비롯되는 곳으로 '자궁'을 의미하기도 했다. 'MATR'은 '어머니의Maternal'와 '어머니Mother'하고 관련된 말이다.

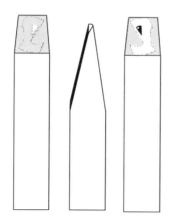

구텐베르크는 소문자 e가 자기가 만들고 있는 다른 글자들과 비슷한지 확인하기 위해 먼저 종이에 글자 e를 그렸다.

그리고 그린 e를 작은 쇠막대의 윗부분에 옮겼다. 그는 회색 부분을 자르고 줄로 갈았는데, 남긴 것은 e의 안에 있는 구멍 모양 뿐이었다. 이것이 카운터 각인기였다. 그는 카운터 각인기를 다른 쇠막대 위에 대고 때렸다.

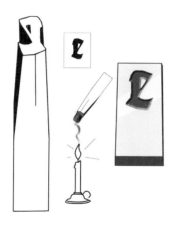

구텐베르크는 회색 부분들을 줄로 갈아서 거꾸로 된 e를 만들었는데, 이것이 최종 각인기였다. 이것이 어떤 모양으로 나올 지 시험하기 위해 그는 e를 촛불 위에 댔다.

각인기는 금방 그을려졌으며, 이 각인기를 종이에 눌러 모양을 찍어 연기로 교정 활자를 만들었다. 필요한 경우 조정을 하고 각인기가 완벽해질 때까지 계속 연기에 그을려 보았다.

제대로 모양이 나오면 구텐베르크는 조심스럽게 그것을 구리 조각에 놓고 두드려 어미자를 만들었다.

이것이 몰드에서 빼낸 최종 활자다. 인쇄하면 원래 그림처럼 모양이 나왔다.

구텐베르크는 활자를 발명한 뒤, 그것을 무엇이라고 불렀을까? 아마도 독일어로 포르멘 부흐슈타벤 Formen Buchstaben, 즉 '도장 글자들'이라고 부른 것 같다. 1468년에 구텐베르크가 세상을 떠나고 3주 후에 쓰인 서류에서 활자를 그렇게 불렀기 때문이다.

구텐베르크는 활자를 라틴어로 포르마 파트로나크forma patronaque라고도 부른 것 같다. '문양과 도장'이란 뜻인데, 그가 1460년 마인츠에서 인쇄했을 거라고 추측되는 책인 『카톨리콘Catholicon』의 판권지에 이렇게 쓰여 있다. 또는 '활자' 부호라고 불렀을지도 모르는데, 한때 구텐베르크의 동업자였던 푸스트가 1457년에 페터 쇠퍼와 인쇄한 책에서 활자를 그렇게 불렀던 것으로 보이기 때문이다.

그런데 어디에서도 영어 낱말 '타이프type'의 기원인 '티푸스typus'란 낱말을 찾을 수 없다. 티푸스가 처음 책에 기록된 것은 1502년이다. 티푸스가 영어에 어떻게 편입되었는지에 대해서는 아무도 모른다. 어쩌면 영국인들이 이탈리아인들을 따라하려 했는지도 모른다.
어쨌든 세월이 지나면서 '티푸스typus'는 '타이프type'가 되었고, 이제 그 낱말은 모두가 사용한다. 스페인 사람들도 구텐베르크의 발명을 가리키는 낱말의 기원을 '티푸스typus'에 두고 있지만, 프랑스나 이탈리아 사람들은 '캐릭터character'에 기원을 둔 낱말을 쓰고 있다. 구텐베르크의 후손인 독일인들의 경우, 글자라는 뜻의 '레터Letter'를 선호하는데, 이것은 앞에서 언급된 낱말, 글자들Buchstaben과 이어진다.

formen   Buchstaben   Johann   Gutemberg

사람들은 들리는 대로 낱말을 표기했다. 1468년 2월 26일, 구텐베르크가 죽은 뒤 의사인 콘라드 후메리는 그가 작성한 서류에 구텐베르크를 '구텐베르크'로 기록했다. 이 서류에서 그는 구텐베르크의 인쇄 장비가 자기 소유라고 주장했다.

Dñice incarnacionis annis ꝏ cccc lx Alma in ur
be magintina nacionis inclite germanice. Quam
dei clemencia tam alto ingenii lumine.dono ᵹ g
tuito.ceteris terrau nacionibus preferre.illustrare
ᵹ dignatus est Non calami.stili.aut penne suffra
ᵹo.ß mira patronaᴢ formaᴢ ᵹ concordia ꝓpor
cione et modulo.impressis atᵹ confectus est.
Hinc tibi sancte pater nato cũ flamine sacro.Laus

'갈대 펜, 스타일러스, 또는 깃털 펜의 도움
을 받지 않고 대신 비율과 길이에 있어 금
형들과 도장들의 놀라운 조화로 이 책이 인
쇄되었고 완성되었다.'
『카톨리콘』에서 이렇게 쓴 사람이 바로 구
텐베르크였지 않았을까.

Pius spalmoᴢ codex · vetustate capitaliũ decorat⁹
Rubricationibusᵹ sufficienter distinctus,
Adinuetione artificiosa imprimendi ac caracterizandi
absᵹ calami villa exaratione sic effigiatus, Et ad euse
biam dei industrie est consummatus, Per Johem fust
Ciuê maguntinũ · Et Petrũ, Schoffer de Gernszheim,
Anno dñi ꝏillesiõ · cccc·lvij·In vigilia Assupcois,

1457년에 푸스트와 쇠퍼가 인쇄한 『시편』
에 나온 'caraterizandi'가 무슨 의미인지
그 누구도 정확히 모른다.
그러나 그 의미가 '타이프type를 사용함으
로써'라는 뜻일 거라고 추측된다.
왜냐하면 한동안 독일과 이탈리아의 인쇄
업자들이 타이프type를 의미할 때 라틴어
낱말인 'character'를 사용했기 때문이다.

VENETIIS IN AEDIB·ALDI
ROMANI·OCTOBRI
MENSE. M·DII.

Cautum est nequis ab hinc decennium nouem hosce
valerij libros impune typis queat excudere in Do=
minio Illu. S·V.

typus라는 낱말이 사용된 가장 초기의 예
들 중 하나가 이 판권지에 나온다. 이것은
1502년, 이탈리아의 베네치아에서 매우
유명한 인쇄업자였던 알두스 마누티우스가
인쇄한 것이다.

구텐베르크가 만든 활자는 높이가 모두 약 2.54센티미터였다. 옆면은 직선이고 밑면은 평평했다.

이 사실은 매우 중요한데, 만약 옆면이 완벽하지 않다면 활자를 결합해서 낱말을 만들 수 없기 때문이다. 또한, 활자의 높이가 제각각이라면 인쇄할 때 문제가 생긴다.

어떤 활자의 높이가 조금이라도 낮으면 잉크가 묻지 않을 테고, 반대로 활자가 툭 튀어나오면 종이에 구멍을 내거나 최악의 경우 인쇄기에서 찌그러지기 때문이다.

활자 하나하나가 완벽한지 확인하기 위해 구텐베르크는 몰드 제작만큼이나 어려운 작업들을 더 많이 해야 했다.

몰드에서 뺀 활자들은 일단 다듬어야 했다. '다듬다 dress' 는 활자 옆면이 정사각형인지 확인하기 위해 줄로 간다는 의미였다. 또한, 바닥의 꼬리를 잘라야 한다는 뜻이기도 했다.

구텐베르크는 다시 한 번 천재성을 보였는데, 꼬리가 되는 깔때기 모양의 주입구를 발명한 것이다. 이것이 어찌나 좁은지, 떼 낸 뒤에도 활자의 바닥 면이 완벽하게 평평했을 정도였다.

활자에 쓰일 금속을 녹이기 위해 구텐베르크는 연료가 필요했다.
중세의 연료는 세 종류였는데, 나무, 숯, 그리고 석탄이었다. 숯은 나무가 까맣게 될 때까지 산소를 차단하고 가열함으로써 만들어졌고, 석탄은 식물이 화석화된 것이다.
이 그림은 나무꾼이 주부에게 장작을 파는 모습이다.

활자들을 주조하는 데도 기술이 필요했다.

구텐베르크는 녹은 금속을 한 숟갈 가득 떠서 깔때기 모양의 주입구에 부은 뒤, 마치 낚싯줄을 던지거나 야구공을 던지는 것처럼 몰드를 마구 흔들었다. 이렇게 흔들면 뜨거운 금속을 몰드 구석구석에 채울 수 있었다.

금속은 금방 식었다. 철사로 된 스프링을 풀어서 몰드를 떼면, 활자 조각은 이미 굳어져 있었다. 마치 은화처럼 반짝였다.

그다음 구텐베르크는 활자를 보관할 곳을 찾아야 했다. 그는 오늘날 쓰는 기술과 비슷한 해결책을 찾아냈음에 틀림없는데, 바로 활자함이다. 활자함은 작은 칸들로 나뉜 함으로, 칸마다 다른 글자들이 들어 있었다.

구텐베르크는 대문자들을 위한 함, 소문자들을 위한 함, 그리고 특별한 활자들을 위한 함까지 세 가지 함을 가지고 있었다. 활자함에 대해 더 알고 싶으면 86쪽에서 88쪽을 참고하면 된다.

구텐베르크는 필요한 모든 활자를 주조했을 뿐 아니라, 문장을 구분하기 위해 길고 가느다란 금속 조각도 주조했다. 요즘에는 이것을 인테르 공백 부분을 채우는 조판 재료 라고 부른다.

그는 인테르 외에도 낱말들 사이의 공백에 끼울 메움쇠도 주조했다. 이것들은 글자보다 높이가 낮은, 아무 것도 새기지 않은 활자 조각들이었다.

또한 여러 가지 다른 크기의 메움쇠들을 많이 만들었다. 오늘날 이것들의 크기는 글자 m과 n의 너비를 바탕으로 한다.

가장 넓은 자간들은 전각 메움쇠 □의 각 측면이 m자 길이인 인테르

필경사들은 각 페이지를 글자들이 서로 짜인 것처럼 보이게 꾸미려 노력했다. '짜다'란 뜻의 라틴어가 '텍스투스textus'인데, 이 말에서 지금의 '텍스트'가 나왔다.

활자의 문제점들 중의 하나. 쏟아진 활자는 '파이가 된 활자'라고 불렸는데, 파이 속 재료처럼 '뒤섞여' 있다는 것을 뜻하는 옛 속어에서 나왔다.

들이다. 그 다음은 반각 메움쇠 □의 각 측면이 n자 길이인 인테르이고, 그 다음이 3-ens, 4-ens, 5-ens이다. 더 좁은 것은 헤어 스페이스 최소 간격의 활자라고 한다.

구텐베르크는 잘 정렬된 텍스트를 만들기 위해 다양한 크기의 메움쇠들이 많이 필요했다. 활자가 들어간 모든 줄을 같은 위치에서 끝내고, 텍스트 블록이 들쭉날쭉해 보이지 않게 하는 작업을 정렬한다고 불렀는데, 그렇게 한 이유는 경쟁자들을 이기고 싶었기 때문이다.

구텐베르크의 경쟁자는 손으로 책을 복제하는 필경사들이었다. 필경사는 글을 쓸 때 줄을 쉽게 정렬할 수 있었다. 하지만 구텐베르크에게는 쉬운 일이 아니었다. 그는 여러 가지 다른 메움쇠들을 만들어야 했다. 넓은 메움쇠들을 더욱 가는 것들로 바꿔 마침내 줄 양 끝이 딱 맞게 될 때까지 말이다.

구텐베르크는 자기가 인쇄한 페이지를 사람들이 사고 싶게 하려면, 필경사들의 손으로 쓰인 것들과 똑같지 않고 더 나아 보여야 한다는 것을 알 만큼 영리한 사업가였다.

필경사들은 약자들 및 특별하게 조합된 합자를 쉽게 만들 수 있었기 때문에, 구텐베르크는 이것들도 만들어야 했다. 따라서 구텐베르크의 활자함에는 26개의 알파벳 글자들 뿐 아니라 합자들 및 앰퍼샌드& 같은 라틴어 약자들이 든 함도 있었다. 이런 합자들 중 지금까지 쓰이는 것은 몇 안 된다.

구텐베르크의 활자들 중 제대로 남아 있는 것은 전혀 없다. 희미하게 찍힌 상이 하나 남아 있을 뿐이다.

이 글자는 구텐베르크가 1456년에 인쇄한 성서에 쓰인 활자체에서 나온 앰퍼샌드&이다. 앰퍼샌드는 '앤드and'를 뜻하는 라틴어 엣et의 합자이다.

그가 인쇄한 성서들 중 한 권에 부주의한 실수가 있었던 것 같다. 활자 하나가 비스듬한 상태로 페이지 아래쪽에 희미하게 찍힌 자국이 남아 있는 것이다. 이것으로 활자 모양을 짐작하기는 어렵지만, 이것이 우리에게 남겨진 유일한 단서다.

구텐베르크의 활자가 현대 활자의 모든 특성을 갖고 있지는 않았다. 그의 활자에는 활자가 앞면을 향하고 있는지 여부를 식자공이 만져서 알 수 있도록 돕는 새김눈이 없었다.

최근에는 컴퓨터를 이용해 구텐베르크의 활자를 분석하고 있다.

예를 들면, 모든 a가 똑같아 보이지는 않는다. 구텐베르크는 같은 글자에 다른 어미자들을 사용했을까? 인쇄된 페이지가 좀 더 손글씨로 쓴 것처럼 보이기를 원했을까? 여러 다른 어미자로 실험을 하고 있었던 것일까? 아니면 뭔가 다른 방법을 이용해서 활자를 주조했던 것일까?

이 질문들에 대한 답은 알려지지 않았다. 다만 구텐베르크는 자기 뒤에 등장한 인쇄업자들과 활자 주조자들이 사용했던 주조법을 이용했다.

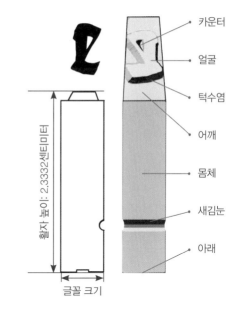

활자 높이: 2.3332센티미터

글꼴 크기

카운터
얼굴
턱수염
어깨
몸체
새김눈
아래

1 틀 안에 거대한 스크루 설치하기   2 망치로 끌을 두드려서 네모난 장붓구멍 내기
3 인쇄기 바닥에 놓을 돌 나르기   4 나무판을 대패로 매끈하게 밀기

참나무처럼 단단한 인쇄기

1450년 무렵, 구텐베르크는 책을 인쇄할 수 있는 스크루로 작동하는 기계를 발명했다. 그는 어떻게 그런 기계를 생각해 냈으며, 그것은 어떤 원리로 작동했을까?

그 시대에 이미 스크루로 작동하는 압축기들은 어디에나 있었는데, 단순하고 힘이 센 기계들이었다.

스크루를 돌리면 압판이라고 하는 평평한 판이 눌린다. 압판에 가해지는 힘으로 포도에서 즙을 짜고, 씨앗에서 기름을, 갓 만든 종이에서 물기를 짜냈다.

구텐베르크의 계획은 그 동력을 활용해서 종이 위에 인쇄를 하는 것이었다.

그는 간단한 스크루 압착기를 책 인쇄에 쓸 복잡한 기계로 만들기 위하여 궁리에 궁리를 거듭했다. 우선 스크루의 분쇄하는 힘을 이용해서 활자 위에 놓인 종이를 부드럽게 눌러 잉크가 배어들게 하는 방법을 알아내야 했다. 그다음, 이 조악한 기계를 필사본과 똑같은 품질의 인쇄본을 만드는 기계로 바꾸는 방법을 궁리했다.

제지업자의 압축기는 간단하지만 강력했다. 갓 만든 종이 뭉치의 부피를 반으로 줄이고, 짜낸 물이 넘쳐 바닥에 흐를 정도였다.

그렇다면 구텐베르크는 스크루 압착기를 인쇄기로 바꾸기 위해 어떤 것들을 바꾸었을까? 안타깝게도 밝혀진 것은 없다.

구텐베르크가 사망하고 한참 지난 뒤에도 인쇄기를 그린 그림들이 전혀 없다. 16세기 초반의 그림 몇 장이 남아있긴 하지만 간단한 드로잉에 지나지 않는다. 이 기계들이 어떻게 작동되는지 보여 줄 만큼 세부적이지 않다.

수백 년 후, 좀 더 자세한 인쇄기 그림들로부터 놀라운 사실을 발견했다. 포도 압착기나 제지업자의 압착기와 전혀 다르게 생겼기 때문이다.

구텐베르크는 이런 모든 것을 혼자 힘으로 바꿔 나갔을까? 확실치 않지만 그가 개선시킨 것들이 역사상 최고의 인쇄본으로 일컬어지는 책들을 만들기에 충분했다는 점이다.

구텐베르크가 개선시킨 것 중 하나는 스크루였다. 제지용 압착기의 스크루는 상당히 조악했다. 제지업자들은 물을 모두 짜낼 때까지 스크루를 계속 돌렸다. 압

구텐베르크의 인쇄기는 큰 압력으로 눌러도 갈라지지 않을 만큼 매우 단단한 참나무로 만들어졌다.
그는 인쇄기의 여러 부품을 만들기 위해 재력이 닿는 한 최고의 목수들을 고용했다.

세월이 흐르며, 인쇄기의 각 부분에 특별한 이름이 붙여졌다. '교수대', '관', '볼', '겨울'처럼 꽤 멋진 이름들도 있다.

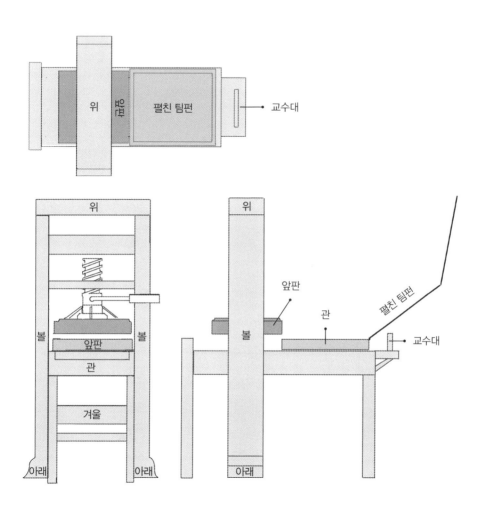

초기 그림들과 목제 인쇄기 작동법을 바탕으로 상상해서 그린 그림인데, 인쇄기의 천장 버팀대는 그리지 않았다. 스크루의 힘은 매우 강력해서 인쇄기를 비틀어 어긋나게 할 수 있을 정도였다.

이를 방지하기 위해 인쇄기 윗부분은 교차시킨 나무판들을 이용해 천장에 고정시켰다. 구텐베르크가 실제로 이러한 방식으로 인쇄를 했는지는 확실치 않다.

력의 정확한 크기는 중요하지 않았다.

그러나 인쇄기는 달랐다. 어느 정도의 압력으로 누르고 있는지 반드시 알아야 했다. 압력이 너무 세면 부드러운 납 활자가 뭉개지기 때문이었다.

게다가 페이지를 인쇄하기 위해 스크루를 하염없이 돌리고 싶은 사람도 없기 때문이었다.

구텐베르크는 스크루가 반 바퀴 돌아갈 때 딱 적절한 압력이 가해져서 그 이상의 힘이 가해지지 않도록 해야 했다. 그리고 그는 이 어려운 문제를 해결했음에 틀림없다. 왜냐하면 그가 만든 인쇄기는 시간당 80장을 인쇄할 수 있을 정도로 효과적이었고 정확했기 때문이다.

정확성은 또한 활자와 종이가 압력을 받아도 움직이지 않는데 달려 있었다. 그래야 인쇄물이 선명하고 깨끗하며 정렬된 형태로 인쇄되기 때문이었다.

왼쪽 페이지는 바르게 정렬되어 있으나, 오른쪽 페이지는 아니다.

달리 말해, 텍스트가 페이지 내에서 있어야 할 위치에 있고, 페이지를 빛에 비춰 볼 때 앞면과 뒷면의 텍스트가 가지런히 줄이 맞으면 정확한 인쇄물이다.

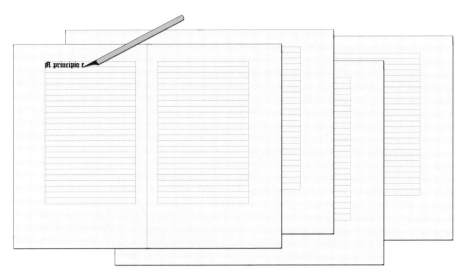

필경사에게 양 끝을 맞추는 일은 어렵지 않았다. 모든 낱장에 똑같은 기준선을 그어 놓고 글자를 베끼면 그만이기 때문이었다.

그러나 구텐베르크에게는 정렬이 그렇게 간단하지 않았다. 그래서 각 장마다 같은 자리에 인쇄하고 있다는 것을 확신할 수 있도록 활자를 인쇄기에 고정시키고, 매번 정확하게 그 활자 위 똑같은 위치에 종이를 놓는 방법을 알아내야 했다.

머리카락 한 올의 오차도 용납되지 않았다.

활자를 고정시키기 위해 구텐베르크는 나무나 쇠로 만든 특별한 상자를 고안했다. 상자 바닥에는 어떤 압력에도 금가지 않을 크고 두껍고, 완벽하게 평평한 대리석판이 있었다. 이 돌판이 나무토막과 쐐기를 이용하여 활자를 고정시키기에 완벽한 받침이 되었다.

홈이나 틀 활자 고정에 쓰이는 나무토막을 '메움 토막furniture'이라고 한다. 쐐기를 뜻하는 낱말은 '코인quoin'으로, 발음은 '코인coin'과 같다.

구텐베르크가 죽고 31년 후에 그려진, 지금까지 남아 있는 이 초기 인쇄기 그림에 상자가 보인다.

안에 무엇이 있는지는 알 수 없지만, 그 위에 무언가 있는 것은 알 수 있다. 아마도 뚜껑이나, 아니면 종이가 인쇄되는 동안 고정해 주는 용도였을 가능성이 높다. 요즘 만들어진 수동 인쇄기에도 비슷한 상자와 뚜껑이 달려 있다.

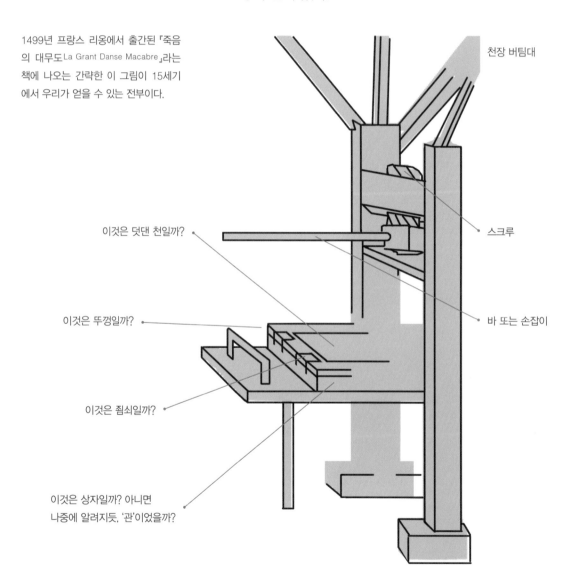

1499년 프랑스 리옹에서 출간된 『죽음의 대무도La Grant Danse Macabre』라는 책에 나오는 간략한 이 그림이 15세기에서 우리가 얻을 수 있는 전부이다.

천장 버팀대

스크루

바 또는 손잡이

이것은 덧댄 천일까?

이것은 뚜껑일까?

이것은 죔쇠일까?

이것은 상자일까? 아니면
나중에 알려지듯, '관'이었을까?

뚜껑은 세 부분으로 구성되는데, 첫 번째 부분이 상자에 쪾쇠로 연결되어 있다. 이것은 종이를 제자리에 고정키기 위한 것이다. 이 틀에는 양피지를 늘려 덧대어 놓았다. 양피지가 북timpani처럼 팽팽하게 덧대져 있기 때문에 이 뚜껑은 팀펀tympan이라고 불렸다.

인쇄업자가 텍스트를 팀펀 위에 놓으면, 활자가 인쇄될 정확한 위치와 종이를 놓을 완벽한 자리를 알 수 있다. 종이가 고정되었는지 확인하기 위해 특별한 압정을 사용했는데, 압정의 뾰족한 핀이 팀펀 뒷면까지

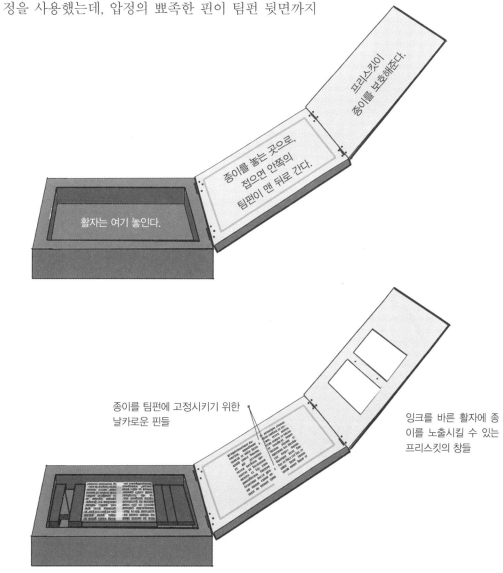

프리스키이 종이를 보호해준다.

종이를 놓는 곳으로, 접으면 안쪽의 팀펀이 맨 뒤로 간다.

활자는 여기 놓인다.

종이를 팀펀에 고정시키기 위한 날카로운 핀들

잉크를 바른 활자에 종이를 노출시킬 수 있는 프리스킷의 창들

가게 꼭 눌렀다. 종이를 고정하는 데 이 날카로운 핀들이면 충분했다.

뚜껑의 두 번째 부분은 '안쪽 팀펀'으로, 팀펀의 뒤에 붙어 있다. 여기에는 압력 조절을 돕는 천이 덧대어 있다. 앞 페이지의 그림에 보이는 것이 아마 이 안쪽 팀펀일 것이다.

뚜껑의 세 번째 부분은 팀펀에 쥠쇠로 붙어 있는데, 이것을 '프리스킷'이라고 한다. 이 틀에도 양피지가 덧대어 있지만, 여기에는 창이 있다. 이 창을 통해서 인쇄가 되고, 종이의 나머지 부분은 깨끗하게 유지된다.

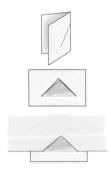

구텐베르크는 압정을 팀펀 위에 꽂았는데, 인쇄된 책장의 양 옆이 맞는지 확인하는 데 중요한 역할을 했다.
그는 다른 인쇄업자들이 따라할 수 있도록 종이로 된 지표를 만들었다. 이 지표는 오리 부리라고 불렸는데, 빳빳한 종이에 삼각형 모양의 칼집을 낸 것으로, 그 틈에 종이를 끼워 고정시키는 용도였다.

세 부분은 모두 함께 완벽하게 작동한다.

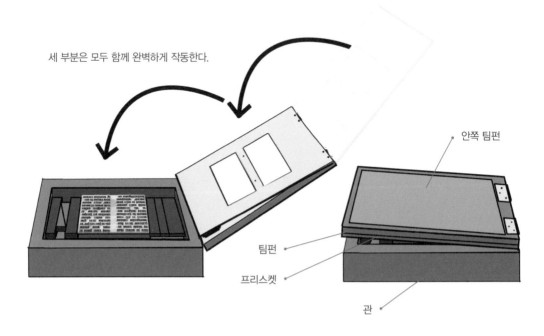

안쪽 팀펀

팀펀

프리스킷

관

구텐베르크의 인쇄기가 팀편과 프리스킷이 달린 현대의 인쇄기와 똑같이 작동했을 것 같지는 않다. 그래도 정확하고 효과적으로 작동할 수 있게 해 준 요소들이 있었을 것이다.

구텐베르크의 인쇄기는 옛 스크루식 압착기를 개조한 것이었다. 그의 천재성은 낡은 것을 활용해 새로운 물건으로 재탄생시킨 데에서 드러났다.

그가 물건을 하나하나 개조할 때마다 문제가 해결되었다. 그것은 그가 필사본과 경쟁할 책을 만드는 것에 한 걸음 더 다가서게 했다.

1 인쇄기　2 활자함　3 식자 막대　4 깃털 펜　5 부리 바늘　6 페이지 조판용 돌판
7 조판된 페이지를 제자리에 고정시키는 틀　8 끈으로 묶은 조판된 페이지

15세기의 놀라운 발명품, 인쇄

마음대로 배치할 수 있는 문자, 즉 활자는 놀라운 발명품이다. 원하는 만큼 많이, 빠르게 인쇄할 수 있게 해 주기 때문이다. 그러나 사전 작업 글자 하나하나와, 마침표와 쉼표와 숫자와 메움쇠를 활자함에서 골라내는 작업을 생각하면 조판은 영원히 끝나지 않을 것만 같다.

구텐베르크도 이 점에 대해 생각했을 것이다. 그가 성서의 첫 번째 책 조판을 끝내는 데에만 몇 주가 걸렸다. 메움쇠들까지 계산하면 약 145,000개의 활자들을 찾아야 했을 테니까 말이다.

조판은 어려운 일은 아니었다. 단지 연습이 필요했다. 먼저, 활자함 안이 어떻게 배치되어 있는지 알아야 했다.

자판에서 글자를 치는 속도가 빨라지는 것처럼, 활자함에서 활자를 찾는 속도도 빨라졌다. 또한, 식자 막대로 작은 활자들을 집어서 정확하게 놓는 일도 할수록 능숙해졌다.

식자 막대는 이름과 달리 실제로는 함에서 집어 올린 활자를 넣기 위해 손에 들고 있는 상자를 의미했다. 식자 막대로 활자를 여러 줄 조합할 수 있었다. 상자는 그다지 크지 않는데, 납 활자가 무거워서 한 번에 많이 들 수 없기 때문이었다.

만약 구텐베르크가 재력이 충분했다면 초를 샀을 것이다.

초는 밀랍이나 수지로 만들었다. 수지는 상하지 않도록 가열한 동물 기름이다. 초는 원하는 정도의 굵기가 나올 때까지 뜨거운 수지 속에 심지를 계속 담가서 만들었다. 그다음에 초가 식도록 매달아 놓았다.

수지는 밀랍보다 가격이 낮았는데, 대신 태우면 냄새와 연기가 났다.

구텐베르크의 활자함이 어떻게 생겼는지는 알 수 없다. 아래의 활자함은 1683년에 출간된, 조셉 목슨의 인쇄 지침서에서 나온 것이다. 구텐베르크는 중세 라틴체를 조판하는데 필요한 290개의 글자 및 기호들을 넣기 위해 활자함을 두 개 이상 가지고 있었다.

첫 번째 활자함은 '위 활자함대문자'이라고 불린다.
두 번째 활자함은 '아래 활자함소문자'이라고 불린다.

연금술사를 위한 천문학 기호들과 그 외 부호들

긴 s

회색 부호들은 ae, oe 같은 합자들이나 긴 s처럼, 오늘날 우리가 많이 사용하지는 않는 것들이다. 긴 s는 가로줄을 반만 쓴 f처럼 보인다. 대문자 J와 U가 Z와 Æ 다음에 나오는 것도 눈에 띈다. 이것은 활자함 배열이 구텐베르크 때 시작되었을 것임을 나타내는 유일한 지표이다. 왜냐하면 J와 U는 15세기에 새로 나온 글자들이었기 때문이다.

구텐베르크가 식자 막대를 발명했는지는 알 수 없다. 만약 그랬다면, 양옆이 고정된 단순한 상자 이상일지도 모른다. 요즘 쓰는 식자 막대는 길이를 조절할 수 있으며, 매우 정확해서 해당 페이지를 사각형으로 유지시켜 준다.

구텐베르크는 라틴어로 된 성서를 조판했는데, 이렇게 시작했다. '태초에 하나님이 천지를 창조하시니라 In principio, creavit deus caelum et terram'. 이 말을 활자로 배열하면 이렇다. 아래쪽 회색 낱말들을 보면 그가 식자한 것을 알아보기가 좀 더 쉽다.

구텐베르크는 왜 I 대신 N으로 시작했을까? 그는

A principio creauit deus celū et terram

N principio creauit deus celū et terram

채식사가 특별한 글자에 채색할 공간을 남기고 싶었다. 이와 같이 특별한 첫 글자를 '머리글자'라고 한다.

줄 마지막에 이르면 구텐베르크는 시간이 걸리는 정렬을 시작했다. 이것은 그 줄이 식자용 막대 안에 완전히 딱 맞게끔 낱말들 사이에 공백을 채워 넣는 것을 의미했다. 줄 끝에 낱말이 꼭 들어맞지 않으면, 그는 요즘처럼 하이픈을 이용했다.

막대가 꽉 채워지면, 구텐베르크는 그 활자를 완벽하게 평평한 대리석 판이 놓인 탁자에 옮겼다. 그곳에서 그는 조판을 시작했다.

그의 목표는 페이지가 인쇄기 안에 쉽게 고정되도록 완벽한 직사각형을 만드는 것이었다.

I A principio creauit deus celū et terram

태초에 하나님이 천지를 창조하시니라

구텐베르크가 조판한 성서의 창세기 첫 페이지이다.

시그니처

모든 준비가 끝났으니 이제 인쇄를 시작하면 될까? 글쎄, 아직은 아니다. 아직도 할 일이 많이 남아 있다. 구텐베르크는 몇 페이지를 더 조판해야 했는데, 대답은 책이 만들어지는 방식에 있었다.

책은 접은 종이들을 꿰매서 만들어진다. 낱장을 접은 한 단위를 시그니처라고 불렀다. 대부분의 책은 4개의 시그니처로 이루어져 있고, 전체는 16쪽이었다. 책이 큰 경우, 시그니처는 여기 보이는 네 페이지처럼 한 장짜리일 수도 있다.

앞　　　　　　　　　　　　　　　　뒤

인쇄 페이지의 순서를 배치하는 것을 '판짜기'라고 한다. 판짜기는 '페이지를 구성하기 위해 대리석 판에 활자를 올린다'의 '올린다'를 멋지게 표현한 말이다.

필경사들에게 네 페이지짜리 시그니처는 만들기 쉬웠다. 글자를 계속 써 내려가다가 네 번째 페이지에서 마치면 되었다.

그러나 구텐베르크에게는 이게 불가능했다. 그는 펼친 종이에 인쇄해야 했다. 안 그러면 두 번째 페이지와 세 번째 페이지를 인쇄할 수 없기 때문이었다.

인쇄기에 시그니처의 첫 번째 페이지를 마지막 페이지와 함께 고정시키면 인쇄 준비는 완료됐다.

전날이나 당일날 아침 일찍 구텐베르크는 종이를 물에 적셨다. 종이가 부드러우면 인쇄가 잘 되기 때문이었다. 종이를 적시는 일은 까다로웠다.

종이가 너무 젖으면 잉크의 기름 성분이 종이에 달라붙지 않아 인쇄가 안됐다. 반대로 너무 마른 상태라면, 인쇄기가 누르는 힘이 부족해서 종이에 잉크가 제대로 묻지 않았다.

종이를 물통에 담갔다가 얼른 뺀 후, 한 쪽에 놓고 물이 고루 배게 했다. 종이가 쭈글쭈글해지면 안됐다. 종이는 매우 비쌌기 때문에 구텐베르크는 아주 조심스럽게 일했다.

종이를 적신 뒤 구텐베르크는 잉크를 평평한 잉크판 위에 고루 폈다. 잉크 사용 방식에 대한 정확한 방법은 17세기에나 기록된다.

아마도 구텐베르크는 잉크를 얇게 고루 펴서 활자에 발랐을 것이다. 잉크가 낱자들을 뭉개거나 옆면으로 흘러내리지 많도록 말이다.

마인츠 사람들은 운이 좋았다. 도시 옆으로 흐르는 라인강에서 물을 구할 수 있었기 때문이다. 그러나 더 깨끗한 물을 원한다면 시민들은 물을 성벽 안으로 날라 와야 했다.

잉크를 으깨고 빻는 잉크 판.

1683년에 나온 조셉 목슨의 책에는 잉크를 준비한 인쇄공이 활자에 바르는 데 필요한 잉크 판, 슬라이스, 롤러와 잉크 공에 대해 쓰여 있다.

구텐베르크에게도 비슷한 도구들이 있었던 것 같다. 1499년에 나온 초기 삽화93쪽 참고에 잉크 공 두 개를 들고 있는 사람이 발견되기 때문이다.

아마 그는 잉크 공 두 개 중 하나로 잉크 판의 잉크를 묻히려 하는 것 같다. 그다음, 두 잉크 공의 가죽 패드 부분을 맞대고 두드릴 것이다. 그렇게 하면 잉크는 가죽 패드의 겉면에 번질 것이다. 더 많이 두드릴수록 잉크는 얇게 퍼져서 인쇄기에 사용하기 알맞은 상태가 된다.

인쇄업자가 자신의 기술을 한껏 발휘하는 게 바로 이 지점이었다. 잉크 공을 활자에 너무 세게 누르면, 잉크는 글자를 채우고 옆 부분까지 흥건해진다. 반대로 너무 살살 누르면 글자들이 충분히 진하게 인쇄되지 않는다. 그리고 만약 잉크를 바른 곳에 한 번 더 누르는 실수를 한다면, 잉크가 도로 잉크 공에 붙어서 정작 활자에는 잉크가 전혀 묻지 않는다.

바닥이 평평한 볼링핀처럼 생긴 나무 롤러로 잉크를 으깨고 빻았다.
으깬 감자를 만들 때도 이와 비슷한 도구를 썼다.

작은 팬케이크 뒤집개처럼 생긴 슬라이스. 잉크를 긁을 때 사용했다.

잉크 공은 나무 손잡이가 달린 커다란 가죽 패드처럼 생겼다. 공 안은 모양모나 털섬유로 채웠고, 겉면은 가죽을 대었다. 잉크 공은 두 개가 한 단위였다.

1 로프   2 구텐베르크   3 나무 주걱   4 인쇄공의 앞치마   5 잉크 공들   6 프리스켓과 팀펀
7 보조 소년   8 막대기   9 압판   10 관 속의 활자

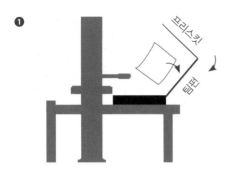

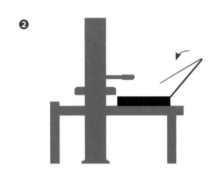

깔끔하고 또렷한 결과를 얻을 수 있는 인쇄 기술을 알아내기 위해서 구텐베르크는 수많은 시행착오와 연습을 거쳐야 했다. 얼마나 많은 종이와 잉크를 낭비해야 했을지 우리는 짐작만 할 뿐이다.

그러나 교정본을 만드는 것이 노력을 낭비하는 일만은 아니었다. 구텐베르크는 그의 조판이 모든 면에서 정확하게 나왔는지 확인했다. 그는 적신 종이를 팀편에 놓고 프리스켓과 안쪽 팀편을 닫고, 모든 것을 압판 밑에 밀어 넣고 바를 당겼다. 스크루가 돌아가고 압판이 내려오면 인쇄가 되었다.

갓 인쇄된 종이를 인쇄기에서 꺼내어 구텐베르크가 가장 먼저 한 일은 잘못된 글자들, 거꾸로 된 글자들, 깨진 글자들 같은 실수를 확인하는 것이었다. 또한 낱말들 사이의 공백도 확인했다.

자간이 너무 넓거나 아예 없는 건 아닐까?

수정에는 시간이 걸렸다. 구텐베르크는 올빼미처럼 생긴 부리 바늘이라는 도구로 잘못된 활자들을 집어냈다. 부리 바늘은 날카로웠기 때문에, 손이 미끄러지면 활자 앞면을 손상시킬 위험이 있었다. 납 활자는 물러

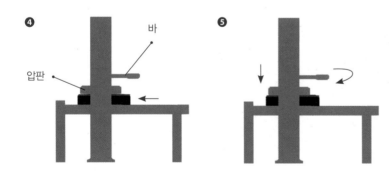

1 인쇄된 종이들   2 구텐베르크   3 잉크 공들   4 나무 스크루   5 손잡이   6 압판   7 관   8 젖은 종이들

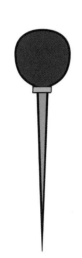

지기 쉬웠고, 글자들의 어떤 부분들은 매우 가늘고 잘 부러
졌다.

구텐베르크는 수정을 위해 자주 줄 전체를 없애야 했다.
넣어야 하는 글자가 잘못 들어간 글자보다 넓은 글자라면 넣
을 공간이 부족했다. 반대로 넣어야 할 글자가 더 좁은 경우
여백이 너무 많이 남았다. 그리고 만약 낱말 하나를 빼먹었
다가 끼워 넣으려면, 전체 페이지를 다시 조판하는 연쇄 반
응이 일어났다.

부리 바늘

악몽 같은 실수들

In the biginning, God created the
heaven amd the earth. The earth →

어쨌든 모든 것을 다시 맞춰야
했다.

이리저리 조정한 뒤, 'earth'는
다음 줄로 넘어갔다.

In the beginning, God created
the heaven and the earth. The

구텐베르크는 42행 성서를 몇 부 인쇄한 뒤, 창세기 2장
7절의 두 번째 페이지에서 실수를 발견했다. 사람hominem 을
빼먹은 것이다. 그는 그 페이지를 다시 조판하고 많은 약자
를 넣어야 했다.

'hominem'은 여기 들어가야 했다.

re.Formauit igitur domin⁹ deus de limo terre:ꝫ inſpirauit in faciē ei⁹ ſpi⸗

이것이 앰퍼샌드&이다.

중세 때 이 기호는 u+s를 나타냈다.

창세기 2:7

여호와 하느님이 땅의 흙으로 사람을 지으시고……

두 번째 인쇄본

ſam ſupficiem terre.Formauit igitur dn̄s deus hoīem de limo terre·et inſpi⸗

주님dominus의 약자

인간hominem의 약자

물론 이것이 유일한 실수는 아니었다. 필사생은 이렇게 말했을지도 모른다.

"저런! 구텐베르크의 인쇄기도 실수를 하는군!"

"그렇긴 합니다." 구텐베르크가 대답했을 것이다.

"그러나 이 실수를 바로잡으면 다음부터 인쇄되는 것들은 전혀 잘못된 게 없을 겁니다. 그대는 그대가 손으로 쓰는 모든 사본들에 대해 저와 똑같이 말할 수 있습니까?"

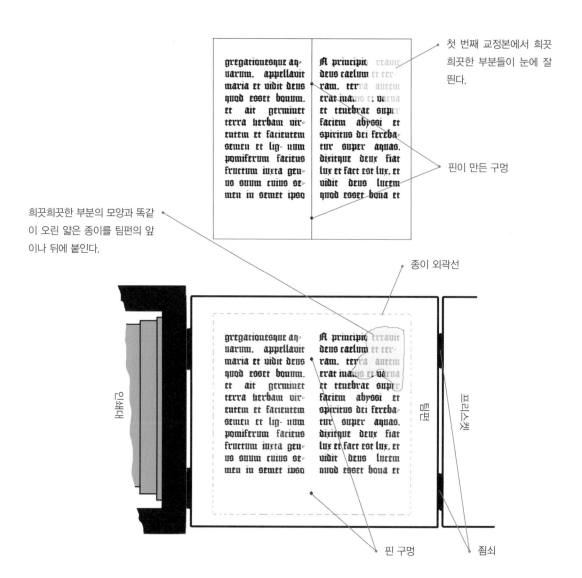

첫 번째 교정본에서 희끗 희끗한 부분들이 눈에 잘 띈다.

핀이 만든 구멍

희끗희끗한 부분의 모양과 똑같 이 오린 얇은 종이를 팀편의 앞 이나 뒤에 붙인다.

종이 외곽선

인쇄눈금

팀편

프리스켓

핀 구멍

죔쇠

이런 조정 작업들 뿐 아니라 인쇄공이 여러 장을 인쇄하기에 앞서 하는 모든 일들을 '판 고르기판 배열이 끝난 인쇄판을 인 쇄할 수 있도록 줄과 간격, 높낮이 따위를 맞추는 일' 라고 한다.

페이지를 바로잡은 구텐베르크는 인쇄된 것을 꼼꼼하게 살펴보았다.

색이 너무 진하면 안쪽 팀편에 더 얇은 천을 덧대거나, 손잡이를 덜 잡아당겨 압력을 줄였다.

희끗희끗한 부분이 있다면 압력을 더 세게 해야 했다. 이것은 까다로운 작업이었다. 왜냐하면 매우 얇은 종이를 희끗희끗한 부분과 똑같은 모양으로 찢어야 했기 때문이었다.

이것을 팀편 위나 뒤, 또는 인쇄대 안의 활자 밑에 넣었다. 종이는 매우 얇았지만, 희끗희끗한 부분들이 좀 더 진하게 인쇄되도록 더 세게 눌러도 그 힘을 견딜 수 있었다.

이런 모든 조정 작업이 복잡하고 어려웠다. 그러나 인쇄기로 인쇄를 시작하려면 꼭 필요한 단계였다. 그리고 한 단계가 더 남아 있었다.

구텐베르크의 인쇄기는 종이 전체를 인쇄할 만큼 힘이 좋지 않아서 그는 손잡이를 두 번 당겨야 했다. 한 번에 반 장씩 말이다.

구텐베르크의 스크루 인쇄기는 다음 300년간 쓰인 모든 스크루 인쇄기들처럼, 두 번 당김 인쇄기였다.

얇은 종이가 딱 알맞게 압력을 가해, 두 번째 교정본이 완벽하게 인쇄된다.

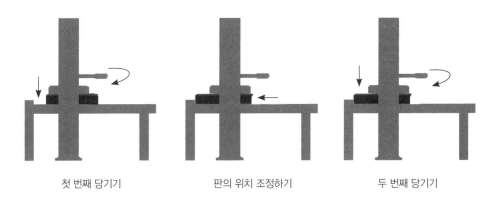

첫 번째 당기기   판의 위치 조정하기   두 번째 당기기

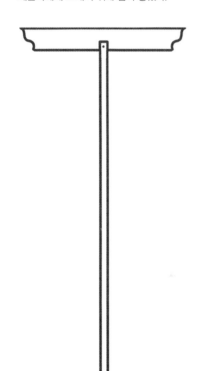

제지업자의 나무 주걱처럼, 인쇄업자의 나무 주걱도 젖은 인쇄지를 말리기 위한 너는 용도로 쓰였다. 인쇄지가 마르면 채식사나 제본사에게 보내기 위해 접어 놓았다.

조판과 인쇄는 까다로운 작업이었다. 구텐베르크가 가동 활자와 잉크와 인쇄기를 발명한 것은 놀라운 발전이었다.

이제 책을 더 이상 손으로 베껴 쓸 필요가 없었다. 책은 읽기 쉽고 깔끔한 활자로 원하는 만큼 인쇄할 수 있었다.

구텐베르크가 가져온 혁명은 그저 필경사와 필사생의 일자리를 사라지게 만든 것만이 아니었다. 또한 조금 더 진보한 상품을 만들었다는 정도로 평가할 수도 없다.

진정한 의미는 당시까지 어떤 일이 진행되는 방법에 갖고 있던 관념에 발상의 전환을 가져왔다는 점이다.

구텐베르크 이전에는 그 누구도 무엇인가를 대량 생산할 생각을 하지 않았다. 비로소 15세기에 한 부한 부가 정확히 똑같은 책을 만들 수 있는 기계가 발명된 것이다.

생산에 관한 이러한 발상의 전환으로 이후 몇 세기 동안 장차 자동차와 컴퓨터가 될 기계들, 또는 우리가 요구하는 것이면 다 만들어 낼 수 있는 기계들이 나오는 길이 열리게 되었다.

양초 제조업자는 가게를 선전하기 위해 글 대신 그림을 이용했다. 1450년대
에는 글을 읽을 수 있는 사람들이 드물었다. 구텐베르크는 전혀 몰랐겠지만,
그의 발명 이후 문맹률은 놀라울 정도로 낮아졌다.

1 채식사　　2 수액 붓기　　3 벚나무들　　4 안료와 수액을 섞어 갈기　　5 꼭두서니 뿌리를 바구니에 넣기

반짝이는 빛을 불러온 채식

세상에서 가장 아름다운 책으로 꼽히는 것은 15세기 채식사들이 만든 작품들이다. 이 예술가들은 금으로 색칠한 글자들과 상상할 수 있는 모든 색으로 칠한 정교한 디자인으로 독자를 눈부시게 했다.

채식을 맡은 이들은 유럽 곳곳의 수도원에서 일하는 수도사들이거나, 부유한 계층을 위해 화려하게 장식된 책을 공급하는 숙련된 채식공들이었다.

구텐베르크는 대중을 위한 책을 인쇄할 생각은 하지 않았던 것 같다. 성서가 필요한 부유한 성당들과, 주위에 과시하고 싶은 넉넉한 상인들, 가장 좋은 것을 가져야 했던 유럽 왕가가 목표였다.

구텐베르크에게 돈을 버는 것은 중요했다. 빚을 갚아야 했기 때문이다.

텍스트를 완벽하게, 그리고 그 어느 필경사가 쓸 수 있는 것보다도 아름답게 인쇄한 구텐베르크의 책을 부자들은 구매했다.

구텐베르크는 책에 드는 엄청난 채식 비용도 기꺼이 감당할 수 있었다.

빛을 주는 사람이란 뜻의 채식사는 금박을 다루던 사람을 일컬었다. 왜냐하면 책에 빛을 가져왔기 때문이다. 나중에는 페이지를 장식하는 사람이면 누구나 채식사로 불렸다.

15세기에는 책을 만드는 데 글 베끼기, 채식해서 글 꾸미기, 페이지 제본하기 등 세 단계를 거쳐야 했다.

그러나 모든 책이 이 세 단계를 다 거치는 것은 아니었다. 부유한 사람일수록 모든 단계를 거쳐 완성된 책을 샀다. 예를 들어 가난한 학생은 글 부분만 따로 사서 직접 제본을 했다. 반면 부유한 귀족이나 대주교는 '그 일들을' 시킬 재력이 있었다.

구텐베르크가 자신을 이 단계 중 무엇을 하는 사람으로 여겼는지는 알 수 없다. 처음에는 단지 필사생으로 여겼을지도 모른다.

어쨌든 그의 인쇄기란 복사기와 비슷하지 않았던가. 그래서 그는 필사생처럼 일했다. 판면을 배열하면서 여백 뿐 아니라 페이지 크기와도 조화를 이루는지 확인했다.

구텐베르크는 또한 여기저기 빈 공간을 남겼는지 확인했다. 그곳은 중요한 낱말들의 첫 글자를 손으로 직접 쓸 자리였다. 빨간색 잉크로 중요한 낱자와 낱말을 표시하지 않으면 아무도 책을 사지 않았다.

나중에 구텐베르크는 자신을 필사생 이상으로 여기기 시작했다. 그는 인쇄기로 채식사의 일 전부를 대체할 수는 없을지라도 어느 정도는 할 수 있다고 생각했다. 그래서 텍스트에 빨간색을 입히는 실험을 하기 시작했다.

중세의 필경사는 대체로 너비보다 1.5배 더 긴 페이지로 시작했다. 그들은 판면과 여백의 면적을 거의 같게 작업했다. 그래야 페이지가 보기에 좋다고 생각했다. 또한 여백의 너비는 각각 다르게 작업했다. 물림선이 가장 좁았고, 아래 여백은 가장 넓었다. 어쨌든 가장 중요한 것은 페이지와 판면이 같은 비율로 되어 있다는 점이다.

구텐베르크는 인쇄된 글을 넣을 위치를 확인하기 위해
자를 이용해 종이를 이렇게 분할했다.

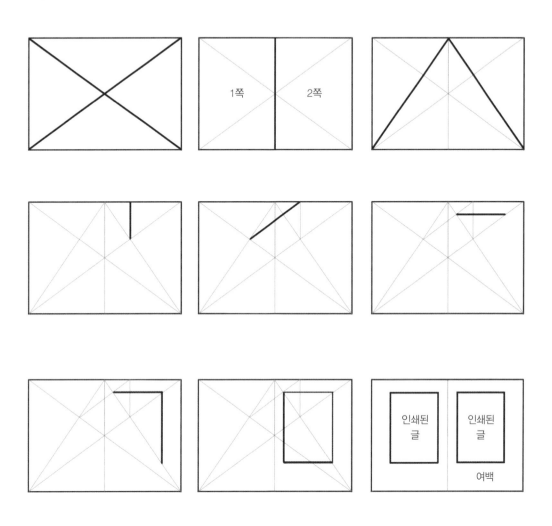

14세기에 비야르 드 온쿠르라는 수학자가 페이지 두 장을 완
벽하게 판짜기하는 방법을 고안했다. 구텐베르크가 드 온쿠르
를 따라한 것 같긴 하지만 확실한 증거가 없다.
20세기에 J. A. 판 데 그라프에 의해 개선된 드 온쿠르의 방법
을 따라하고 싶다면, 위의 방법대로 하면 된다. 종이 크기는 상
관없다.

중세에는 빨간색으로 쓰인 낱말들을 주서rubric라고 불렀다. 그 말은 루베르ruber, 라틴어로 빨간색이라는 뜻에서 비롯되는데, 이 작업을 하는 사람을 주서가 rubrigator, 라틴어로 빨간색으로 쓰는 사람이라는 뜻 라고 했다.

1460년 구텐베르크가 인쇄한 것으로 추정되는 『카톨리콘』이라는 책에는 주서가를 위한 안내가 인쇄되어 있다. 안내문은 이렇게 시작한다. '이 책에서 주서할 목록Sequitur tabula rubricarum hujus voluminis'

물론 이것은 두 가지 색, 즉 검은색과 빨간색으로 인쇄한다는 뜻이었다. 컬러 인쇄는 검은색 인쇄보다 더욱 정확성이 필요했다. 두 가지 색으로 인쇄하려면 한 번에 한 가지 색을 인쇄한 후, 결과적으로는 인쇄기에 두 번 통과시켜야 했기 때문이다.

따라서 실수할 확률도 엄청나게 높았다. 종이를 다시 인쇄기에 넣을 때 똑같은 위치에 넣었는지 확신하기 어려웠다. 만약 머리카락 한 올 차이라도 종이가 어긋나면 색 글자들은 검은색 글자들과 나란히 인쇄되지 않았다.

2색 인쇄를 처음 시도했던 구텐베르크는 실망했다. 42행 성서 몇 부를 빨간색과 검은색으로 인쇄한 뒤 그는 포기하고, 해당 페이지들을 필경사에게 보내 빨간색으로 쓰게 했다. 분명 그 과정에서 종이와 시간을 꽤 많이 날렸을 것이다.

구텐베르크는 첫 번째 시도에서 실패했지만, 그와 그의 동업자인 푸스트는 그 문제를 해결하기 위해 계속 노력했던 것 같다.

동업 관계가 깨진 후 몇 년 되지 않아 푸스트는 쇠퍼라는 사람과 함께 검은색, 빨간색, 파란색으로 책을 인쇄하는 데 성공했다. 구텐베르크가 실패했던 것을 이들은 어떻게 해냈을까?

빨간색 머리글자를 위해 남긴 여백

주서를 위해 남긴 여백

bitur virago: qm̄ de viro sumpta est.
Quaobrē relinquet homo prēm suū
⁊ mrēm ⁊ adherebit uxori sue: ⁊ erunt
duo ī carne una. Erat aūt uterq; nud⁹
adā scilicet ⁊ uxor ei⁹: ⁊ nō erubescebāt.
ed ⁊ serpens erat callidior
cūctis aīantibꝫ terre: q̄ fecerat dn̄s
de⁹. Qui dixit ad mulierē. Cur p̄cepit
nobis deus ut nō comederetis ex omni
ligno paradisi? Cui respondit mulier.
De fructu lignorū que sunt in paradi-
so vescimur: de fructu vero ligni quod
est in medio paradisi p̄cepit nobis de-
us ne comederemus - et ne tangerem⁹
illud: ne forte moriamur. Dixit aūt
serpens ad mulierem. Nequaq̄ morte
moriemini. Scit enim deus q̄ in quo-
cunq; die comederitis ex eo - aperientur
oculi vestri: et eritis sicut dij scientes
bonū et malum. Vidit igitur mulier
q̄ bonū esset lignū ad vescendum - et
pulcrum oculis aspectuq; delectabile:
et tulit de fructu illi⁹ ⁊ comedit: deditq;

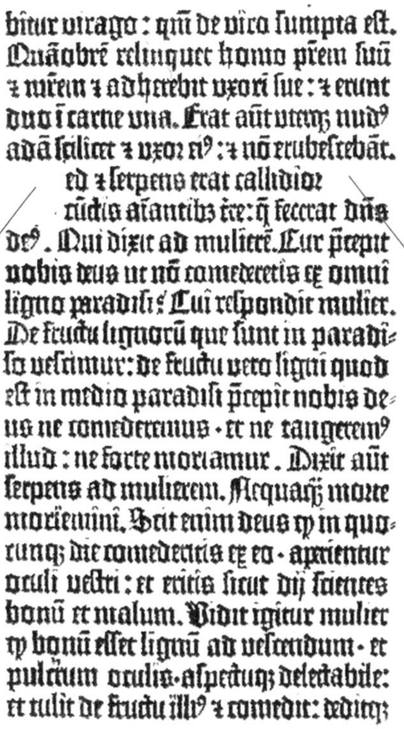

주서가는 머리글자 S와 창세기 3장에 붉은 잉크를 칠해서, 이 부분이 창세기 3장임을 알려 준다.
"여호와 하나님이 지으신 들 짐승중에 가장 간교하니라 Sed et serpens erat callidior cunctis animantibus……."

주서가는 또한 중요한 문장의 첫 글자를 빨간색으로 시작했다.

bitur virago: qm̄ de viro sumpta est.
Quaobrē relinquet homo prēm suū
⁊ mrēm ⁊ adherebit uxori sue: ⁊ erunt
duo ī carne una. Erat aūt uterq; nud⁹
adā scilicet ⁊ uxor ei⁹: ⁊ nō erubescebāt.
S ed ⁊ serpens erat callidior . ca. iii
cūctis aīantibꝫ terre: q̄ fecerat dn̄s
de⁹. Qui dixit ad mulierē. Cur p̄cepit
nobis deus ut nō comederetis ex omni
ligno paradisi? Cui respondit mulier.
De fructu lignorū que sunt in paradi-
so vescimur: de fructu vero ligni quod
est in medio paradisi p̄cepit nobis de-
us ne comederemus - et ne tangerem⁹
illud: ne forte moriamur. Dixit aūt
serpens ad mulierem. Nequaq̄ morte
moriemini. Scit enim deus q̄ in quo-
cunq; die comederitis ex eo - aperientur
oculi vestri: et eritis sicut dij scientes
bonū et malum. Vidit igitur mulier
q̄ bonū esset lignū ad vescendum - et
pulcrum oculis aspectuq; delectabile:
et tulit de fructu illi⁹ ⁊ comedit: deditq;

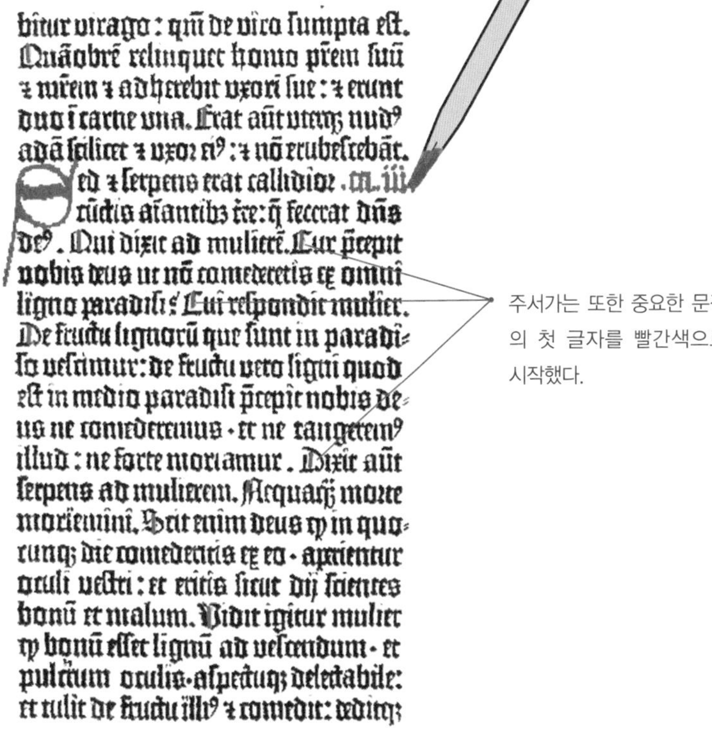

푸스트와 쇠퍼가 썼던 홍보 로고

그들은 빨간색이나 파란색으로 인쇄할 활자들을 조심스럽게 떼어내, 잉크를 따로따로 발랐다.

그다음 인쇄기 안의 활자에 검은색 잉크를 발랐다. 그리고 채색 활자를 다시 인쇄기에 넣고, 형태를 고정시켰다. 종이를 인쇄기에 단 한 번만 통과시켜야 했기 때문에, 언제나 완벽하게 정렬되어야만 했다.

푸스트와 쇠퍼는 활자를 일부 떼어 빨간색 잉크를 바르고 도로 넣었다.

언제나 완벽하게 정렬해야 했다.

물론 이 모든 것에는 시간과 돈이 들었다. 푸스트와 쇠퍼 이후, 그런 고난이도 기술을 시도라도 해 본 사람은 드물었다.

한동안, 주서가들과 채식사들은 그들의 일거리가 계속될 거라는 기대를 이어 나갈 수 있었다. 필사생의 경우와 달리, 인쇄소는 주서가와 채식사의 일거리는 떨어뜨리지 않을 것 같았다.

머리글자

인쇄된 주서

태초에 하나님이 천지를 창조하시니라

In principio creavit deus caelum et terram

이것은 42행 성서의 한 페이지로, 창세기의 첫 장이다. 머리글자인 긴 대문자 I가 채색되어 있다. 채식사는 뛰어난 솜씨를 발휘해서, 글자에서 피어나는 듯한 꽃들과 잎들로 머리글자를 장식했다. 구텐베르크가 주서로 인쇄한 몇 부 안 되는 42행 성서 중 하나이다.

그러나 1500년 무렵 모든 것이 변했다. 두 가지색으로 인쇄되는 책들이 점점 늘어났다. 평평한 목판에 새겨져 검은색으로 인쇄한 그림들을 어디서나 볼 수 있었다.

독자들은 이런 삽화책들을 점점 좋아하게 되었고, 구텐베르크 이전 시대에 수공예로 꾸민 페이지들은 구닥다리로 여겨지기 시작했다.

목판의 이 부분은 다 깎아낸 상태이다. 삽화는 돋을새김 되어 있다. 돋을새김이란 말은, 선들이 목판의 나머지 부분보다 더 도드라져 있다는 뜻이다.

『죽음의 대무도』를 위한 삽화는 흰색 물감을 칠한 평평한 목판에 그려져, 알아보기 쉽다.

가우지는 끌 비슷한 도구로, 나무를 떠내기 위한 V 모양 날이 달려있다.

조각된 목판으로 전체를 인쇄한 책들이 1450년경부터 나타나기 시작했다. 목판인쇄 책은 가동 활자로 인쇄된 책보다 싼 대안이었다는 의견도 있다.

자, 다시 1450년대로 돌아가 보자. 채식사들은 놀라울 정도로 단순한 도구로 일했다.

그들은 갈대와 깃털로 만든 펜과, 굵게 표현할 부분에 쓸 토끼털로 만든 붓, 섬세한 작업을 위한 흑담비털로 만든 붓을 사용했다.

끝이 무딘 송곳들은 페이지에 금을 그어 필사생들이 참고할 수 있도록 들여쓰기 선을 표시하는 데 썼다. 송아지 피지나 종이에 이런 들여쓰기 선을 표시해서 괘선지를 만들면 선이 눈에 잘 띄지 않아 필경사들은 알아볼 수 있었지만, 독자들은 거의 눈치채지 못했다.

필경사에게는 펜을 날카롭게 벼릴 연마용 칼과, 실수한 부분을 긁어낼 칼도 있었다. 그들은 또한 모든 종류의 연마기가 있었다.

필경사는 자기 칼을 늘 지니고 있었다. 그는 그 칼로 깃털 펜을 벼리고, 실수한 부분의 잉크가 마르면 긁어내 수정했다.
납작한 칼도 있고, 한쪽이 둥근 것도 있었는데, 이것들은 긁어낸 종이를 판판하게 마무리하여 매끄럽게 하는 데 쓰였다. 이것을 '종이 윤내기'라고 불렀다.

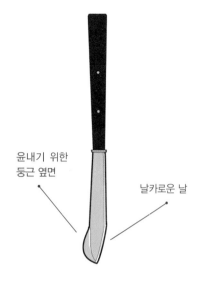

윤내기 위한
둥근 옆면

날카로운 날

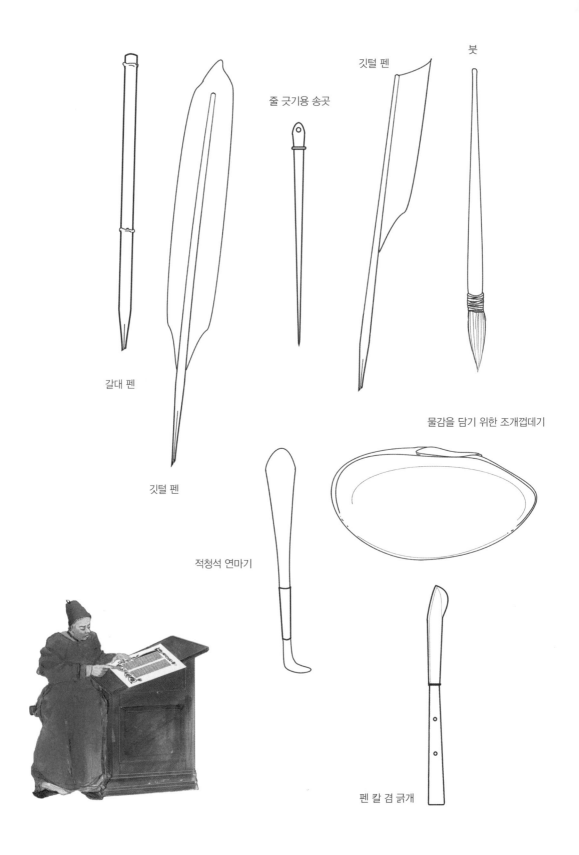

깃털 펜

붓

줄 긋기용 송곳

갈대 펜

깃털 펜

물감을 담기 위한 조개껍데기

적청석 연마기

펜 칼 겸 긁개

긁어내기를 모두 마친 뒤 종이를 매끄럽게 하기 위한 무쇠 연마기도 있었고, 끝이 개 이빨처럼 생긴 도구나 금박에 윤을 낼 때 쓰는 적청석이라는 빨간색 돌로 만든 것도 있었다.

적청석은 금에 윤을 낼 때도 좋지만, 가루로 빻아 짙은 빨간색 물감을 만드는 데도 좋았다.

중세 시대에는 채식사가 물감을 구할 수 있는 미술 재료상이 없었다. 자기가 쓸 물감은 스스로 구해야 했다.

물감은 상상할 수 있는 온갖 것들로 만들었다. 이를테면 나뭇잎, 뿌리, 꽃, 열매와 나무 껍데기, 흙, 바위와 보석, 벌레들, 굴 껍데기, 갑각류의 분비물 같은 것들이었다.

예를 들어 빨간색은 브라질소방목 같은 식물과, 납 같은 광석, 연지벌레coccus ilicis, 코쿠스일리키스 같은 곤충에서 얻을 수 있었다.

식물에서 얻는 색

인디고 잎 → 파란색

꼭두서니 뿌리 → 빨간색

백합 꽃 → 녹색

향일성햇볕이 강한 쪽을 향하여 자라는 성질

식물의 씨나 열매 → 빨간색

사과나무 껍질 → 노란색

광물에서 얻는 색

붉은 점토 → 분홍색

적청석 → 빨간색

적색 황화수은 → 주홍색

청금석 → 파란색

동물에서 얻는 색

연지벌레 → 빨간색

굴 껍데기 → 하얀색

바다 우렁이 → 보라색

브라질소방목 가루를 물과 명반에 담그면 진한 빨간색 염료를 얻는다. 그것을 잿물에 담그면 빨간색이 보라색으로 바뀐다.
구텐베르크가 살던 시대에 이 나무는 아시아에서만 구할 수 있었다.
하지만 콜럼버스 이후 탐험가들은 남아메리카의 서쪽 해안을 따라 울창한 브라질소방목 숲을 발견했다. 이곳이 오늘날의 브라질이다.

암컷

수컷

아주 작은 연지벌레가 가시가 많은 참나무 또는 연지벌레 참나무라고 알려진 나무에서 먹이를 얻고 있다. 이 암컷은 그곳에 알을 낳고 죽는다. 죽은 암컷의 부서진 몸에서 염료가 나오는데, 이 곤충에서 나는 색을 중세에는 '그레인'이라고 불렀다. 연지벌레 암컷kermes이라는 낱말에서 영어 단어 암적색carmine과 진홍색crimson이 나왔다.

납으로는 하얀색 뿐 아니라 빨간색도 만든다. 납을 녹인 뒤, 산소가 충분히 스며들도록 잘 저으면 주홍색이 되는 것이다.

황을 녹여 수은을 섞어도 주홍색을 얻을 수 있다. 수은황화물은 자연에서 얻을 수 있는데, 그것이 바로 진사이다.

인디고 풀Indigofera tinctoria의 잎으로 파란색을 만든다. 잎에서 파란색을 뽑아내려면 잎을 발효시켜야 했다.

색을 만드는 것은 시간과 인내가 상당히 필요한 작업이었고, 돈도 많이 들었다. 색을 내는 최고급 재료들은 거의 대부분 머나먼 아프가니스탄에서 나오는 청금석 같은 준보석이었다.

다행히도 값비싼 색들마다 좀 더 싼 대체품이 있었다. 채식사는 청금석을 쓰는 대신 향일성 식물 열매나 인디고 잎을 썼다.

이런 식물과 돌, 곤충을 다룰 때는 매우 조심해야 했다. 하얀색의 재료인 납과 밝은 노란색의 재료인 비소 등은 독성이 매우 강했기 때문이다.

재료에서 색을 얻는 데는 몇 가지 방법이 있었다. 하나는 물에 넣어 끓이는 것이었다. 이 방법으로 브라질소방목과 꼭두서니에서 빨간색을 얻었다. 다른 방법은 재료를 갈아서 고운 가루로 만드는 것이었다.

이러한 간단한 방법들 말고 복잡한 화학 반응이 포함된 제조법들이 있었다.

향일성 식물의 열매에서 파란색을 추출하거나 납을 끓여 빨간색을 얻는 경우가 바로 이것이었다.

꼭두서니의 뿌리로는 빨간 염료를 만드는데, 구텐베르크 시대의 예술가들은 브라질소방목 혹은 곡물 가루와 섞어서 썼다.

색을 내는 재료를 얻었다면 이번에는 그 색을 엉기게 해서 종이 위에 흐르다가 들러붙게 할 물질이 필요했다.

가장 좋은 것 중 하나가 달걀흰자를 저어서 머랭처럼 단단하게 거품을 내서 만든 흰자위액이었다. 거품을 그대로 두면 액체가 되는데, 그것이 마르면서 색을 종이에 단단히 붙여 주었다.

그러나 흰자위액에는 약점이 하나 있었다. 금방 상한다는 점이었다. 흰자위액을 좀 더 오래 가게 하기 위해 예술가들은 종종 치명적인 독소를 섞었다. 바로 비소였다.

색을 엉기게 하는 또 다른 물질은 아라비아와 북아프리카의 아카시아 나무에서 얻는 아라비아 고무라는 수액이었다.

수액은 젤리 같았고 수용성이었다. 아라비아고무를 구할 수 없는 예술가들은 벚나무와 자두나무의 수액을 이용했다. 이런 점도 높은 물질에 꿀을 섞어 마르지 않게 했다.

청금석은 아프가니스탄의 바다크샨 지역에서 발견되는 파란색 준보석이다. 청금석을 갈아서 가루로 만들어, 밀랍과 기름을 섞은 뒤 잿물로 반죽하면 파란색이 남는다.
청금석 1파운드로 아주 적은 양의 파란색 가루를 얻을 수 있었다. 그래서 가장 부유한 고객들만이 '울트라 마린 블루' 색을 살 수 있었다.

향일성 식물의 열매 즙으로 빨간색을 만들었다. 여기에 석회를 섞으면 연보라색이 나왔는데, 다시 이 연보라색을 암모니아 증기에 노출시키면 파란색이 됐다.

사프란 꽃의 빨간색 수술에서 밝은 노란색을 얻었다. 채식사들은 이 색을 잉크와 물감에 사용했고, 금을 모방하는 데도 썼다.
채식사가 흰자위액이나 아라비아 수지에 수술을 담그면, 몇 분 뒤 노란색으로 바뀌었다.
사프란의 노란색이 영원히 지속되는건 아니었지만, 책에 쓰이면 직사광선에서도 수백 년은 거뜬할 정도였다.

모든 예술가에게 색을 만드는데 필요한 시간이나 지식이 있지는 않았으므로, 중세 말 누군가가 작은 천 조각을 발명했다.

작은 정사각형 모양의 천 조각에는 색이 흠뻑 입혀져 있었다. 채식사들은 색이 우러나도록 그 천 조각을 흰자위액이나 수지에 담가놓았다.

대단히 간편한 방법이었기 때문에 퍼지는 속도도 빨랐고, 특히 향일성 식물, 사프란, 브라질소방목 같은 식물에서 나온 싸고 투명한 색이 필요할 때 많이 사용되었다.

도구와 물감이 준비되면 채식사들은 페이지에 문양을 그리기 시작했다. 뜻밖에도 그 문양들은 표준화되어 있는 경우가 많았다.

페이지에 도르르 말리는 잎과 덩굴손, 장미와 백합 등 꽃 같은 머리글자를 그리는 방법이 나온 패턴 북들이 지금까지 남아 있다.

패턴 북의 디자인을 페이지에 옮기는 방법 중 하나는 빳빳한 종잇조각이나 양피지를 바늘 같은 송곳으

이 머리글자들은 중세 유럽의 수도원과 궁정에서 사용된 다양한 글씨체들로부터 수 세기 동안 발전된 것이다.
이 양식에 붙인 유명한 이름이 1929년 프레데릭 가우디가 디자인한 서체인 '롬바르딕'이다.
롬바르디아는 세력이 컸던 북부 이탈리아 한 지역이었다.

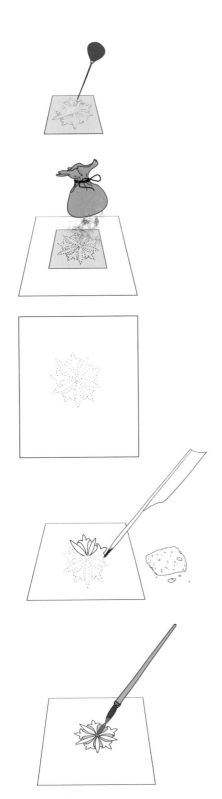

로 뚫어서 스텐실을 만드는 것이었다. 그 다음 목탄 가루를 채운 작은 천 주머니를 스텐실 위에 대고 부드럽게 문질렀다. 이것을 '본 뜨기 작업'이라고 했다.

목탄 가루는 미세한 구멍 속에 배어들어 문양을 종이에 고스란히 옮겼다. 스텐실을 들어내면 아주 작은 점으로 이루어진 문양이 드러났다. 채식사가 할 일은 그저 목탄 가루 위를 잉크로 이어 주는 것뿐이었다. 잉크가 마르면 남아 있는 목탄 가루 먼지를 빵으로 지웠다.

중세에는 온갖 색깔의 잉크를 만들었다. 채식사는 밑그림을 그릴 때 본 그림 채색 뒤에도 눈에 띄지 않을 얌전한 색을 골랐다.

검은색 잉크를 쓸 경우에는 두 가지 선택이 있었다. 잉크를 만들 때 쓰는 등잔 그을음을 쓰거나 참나무벌레혹으로 만드는 잉크를 쓰는 방법이었다.

참나무벌레혹 잉크를 만들려면 철분을 식초에 담가 녹이 슬기 시작할 때까지 놓아두어야 했다. 그동안 참나무벌레혹을 참나무에서 모아 그릇에

담가 발효시켰다.

며칠 후, 참나무벌레혹을 으깨서 끓이면 타닌
산이 가득한 액체가 되었다. 타닌산이 철과 섞이
면 더할 나위 없이 좋은 잉크가 만들어졌다. 병에
들었을 때는 엷은 색이지만, 마르면 진하디 진한
검은색으로 바뀌었다.

중세 사본의 복잡한 디자인과 다채로운 삽화는
바라보기만 해도 아름답다. 하지만 희미한 빛의
유럽의 도서관과 예배실 안에서 본 페이지에 장
식된 금박은 감탄이 나올 정도로 아름다웠다. 금
박은 촛불과 깜박이는 기름등잔의 불꽃을 반사했
고 그 글자에 빛을 비춰주었다.

말 그대로, 금으로 책에 빛을 비춰준 예술가는
금박으로 물감을 만들거나, 금박 그대로를 사용
했다. 어느 쪽이든 솜씨가 대단히 뛰어나야 했다.
금을 다루기란 쉬운 일이 아니었기 때문이다.

금 물감을 만들기 위해 예술가는 금박을 절구
에 공이로 찧어 고운 가루를 내야 했다. 그런데 금
박은 굉장히 말랑거렸고, 찧어 봤자 결국 하나의
금속 덩어리로 뭉칠 뿐이었다. 금을 빻는 것은 밀

어리상수리혹벌이라고 알려진 작은 말벌은 참
나무의 잎눈에 알을 낳는다. 나무는 이 알들을
사과처럼 생긴 것으로 둘러싸는데, 부화하는 애
벌레에게 안성맞춤이다. 애벌레가 성충이 될 때
까지 포식자의 눈을 피할 수 있게 해주기 때문
이다.

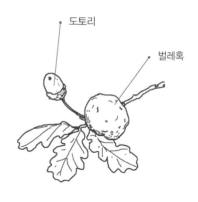

도토리

벌레혹

절구는 오목한 그릇이었고, 절굿공이는 절구 안에 넣어 금을 빻는 데 쓰인 도구였다.

랍을 빻는 것과 같았다. 즉, 불가능했다.

채식사들의 해결책은 무엇이었을까?

채식사는 금박에 꿀을 섞었다. 그러면 끈끈한 꿀 덕분에 금을 빻아도 덩어리지지 않고 가루 상태가 유지되었다.

금박을 고운 가루로 만든 후, 채식사는 그것을 물동이 안에 담았다. 금가루가 바닥에 가라앉으면, 꿀과 물을 따라냈다. 그런 다음, 금가루를 아라비아고무나 벚나무 수액과 섞었다. 그렇게 하면 세밀한 부분을 채색하는데 쓸 순수한 금 수채 물감이 만들어졌다.

그러나 안타깝게도 금 물감은 마르면 윤기를 잃었다. 그래서 금의 윤기를 되살리기 위해 채식사는 채색한 부분을 개 이빨로 문질렀다.

힘을 주어 문지르면 금이 서로 녹으며 유리처럼 매끄러워졌다.

더 넓은 부분을 장식하기 위해 채식사는 장 단위로 된 금박을 이용했다. 그런데 금박은 가위로 오릴 수 없었다. 오려서 모양을 만들기에 금박은 너무 잘 부서졌다.

그래서 채식사는 달걀흰자로 만든 특수한 풀을 썼다. 만약 채식사가 잠자리를 그린 그림에 금을 입히고 싶으면 그는 그 부분을 꿀과 흰자위액으로 칠했다. 귀지도 조금 섞었는데, 흰자위액에 기포가 생기지 않게 해주기 때문이었다.

흰자위액이 마르면 채식사는 그곳에 종이 관으로 입김을 불어 넣었다. 입김에 들어 있는 아주 작은 물 입자들 덕분에 흰자위액은 다시금 딱 알맞을 정도로 끈끈해졌다.

바로 그 순간 조심스럽게 금박을 풀 위에 놓았다. 그리고 금박이 달라붙으면 표면을 붓질했다.

신비롭게도 그림을 둘러싼 모든 금이 싹 사라지고 오로지 금 잠자리만 남았다. 금 부분을 문질러 주면 마르고 난 뒤 날개가 햇살에 사로잡힌 것처럼 반짝였다.

라인강을 끼고 살던 예술가들, 채식사들, 필경사들은 비슷한 작품을 만들었고, 이 덕분에 미술사가는 초기 인쇄본에 그려진 채식이 어디 것인지 추측할 수 있다.

예를 들어 현재 남아 있는 42행 성서 인쇄본들 중 12부 이상이 마인츠와 그 근처에서 채식되었다.

그러나 이 인쇄본들의 채식과, 필사본들의 채식을 비교하면 뭔가 특이한 점이 눈에 띈다. 42행 성서의 디자인이 답답하게 보인다.

구텐베르크는 채식사들이 장식할책의 여백을 남겨 놓았지만, 크고 화려한 디자인을 할 만큼 넓게 남기지는 않았다. 그렇다면 왜 이렇게 되었을까? 그저 실수였을까?

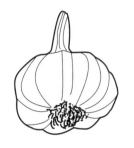

마늘즙을 써서 금박을 붙이기도 했다.

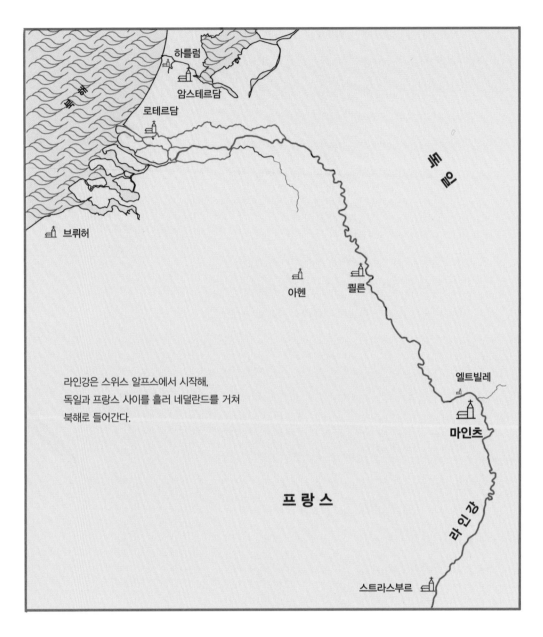

라인강은 스위스 알프스에서 시작해,
독일과 프랑스 사이를 흘러 네덜란드를 거쳐
북해로 들어간다.

하를럼

암스테르담

로테르담

브뤼허

아헨

쾰른

엘트빌레

마인츠

프랑스

라인강

스트라스부르

북해

마인츠에서 생산된 것으로 추정되는 그림 일본 도쿄 게이오기주쿠 대학 소장 42행 성서

인쇄는 필사와는 달랐다. 필사의 경우, 고객은 채식이 많이 들어간 사본을 원한다고 필사생에게 미리 말할 수 있었다. 그러면 필사생은 그 주문에 맞게 특별한 책을 계획하곤 했다.

그러나 구텐베르크는 특별한 책을 만들지 않았다. 그는 모두를 위한 책을 디자인해야 했다. 최고의 채식을 살 수 있는 고객 뿐 아니라 그런 사치를 누릴 돈이 없는 사람에게도 맞춰야 했다.

결국 구텐베르크의 발명은 자신도 모르는 사이 중세 채식에 마침표를 찍게 되었다. 구텐베르크 이후, 한 사람만을 위해 장식된 사본은 더 이상 나오지 않게 되었다.

인쇄란 획일성을 뜻했다. 만약 부자가 자신이 소유한 책들을 돋보이게 하고 자신의 부를 담아내고 싶다면, 그는 장정에 돈을 쏟아 부어야 했다.

1 꿰매기   2 책방 주인   3 구텐베르크   4 반듯하게 마르도록 책 누르기   5 풀 붙이기

튼튼한 금고였던 장정

오늘날 우리는 책의 장정에 그다지 신경 쓰지 않는다. 책이 오래 갈지 말지에도 관심을 갖지 않는다. 한 번 읽고 버리는 문고판 책과 조잡하게 만든 양장본을 산다. 책의 내구성은 중요하지 않다. 한 부 더 필요하면, 또 사면 되기 때문이다.

구텐베르크의 시대에는 달랐다. 책을 대대로 즐길 수 있도록 내구성 있게 만들었다. 책의 내용도 중요했지만, 책 자체도 매우 귀중했다. 책을 만드는 데는 엄청난 노동이 필요했고, 페이지에 채색까지 한다면 어마어마한 비용이 필요했기 때문이다.

따라서 장정은 책 속의 글을 보호하는 역할을 맡았으며, 책은 금고처럼 만들었다. 중세의 책에는 잠금쇠도 있었고, 서재나 도서관 서가에 고정시킬 수 있는 쇠사슬까지 달려 있었다!

책의 표지는 밀랍을 먹인 가죽으로 만들었으며, 방수 처리도 되어 있었다. 이런 표지들은 판지가 아니라 목판으로 만들었다. 게다가 표지에는 질긴 아마 끈과 송아지 피지로 된 죔쇠가 달려 있었다. 흠집과 긁힘, 심지어 우연히 떨어뜨리는 사고를 막고자, 표지 모서리를 금속으로 덧대고, '돌기^{bosses}'라고 하는 둥근 금속 돌출 장식을 달기도 했다.

금속 모서리들

'돌기'라고 불리는 금속 돌출 장식

책을 잠그는 금속 잠금쇠들

가죽으로 덮인, 도드라진 아마 끈 띠

책을 서가에 고정시키는 사슬

제본가는 책의 외관 또한 무시할 수 없었다. 가죽에 문양을 눌러 찍고 도금으로 장식해서 표지로 쓰기도 했으며, 보석과 상아로 된 장식 단추들을 쓴 매우 값비싼 책도 있었다.

중세 사람들에게는 이러한 것들이 당연한 일이었다. 글을 읽을 수 있는 사람이 드물던 시대에는 책을 제작하는 모든 단계마다 정성과 비용을 아낌없이 쏟아 부었다.

장정의 단계들은 간단하게는 책장 모으기와 접기, 꿰매기와 풀칠하기, 자르기와 붙이기였지만, 이런 것들도 제대로 배우려면 몇 년씩 걸렸다.

각 단계에 대해 말하기에 앞서 다시 구텐베르크의 인쇄소로 돌아가 보자.

구텐베르크는 제본가가 아니었지만 그들처럼 생각해야 했다. 책이 결합되는 방식을 알아야 했다. 그래야 인쇄지가 접힐 때 페이지가 정확한 순서로 놓이기 때문이었다.

인쇄지 한 장은 두 면과 네 페이지로 이루어져 있다. 각 면을 '책장'이라고 한다.

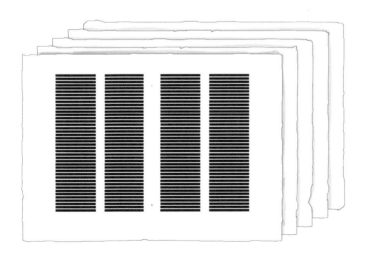

인쇄지 5장을 반으로 접으면, 10장의 책장이 된다. 각 책장은 앞면 한 쪽, 뒷면 한 쪽이 될 것이다. 모두 20쪽이 나온다.

예를 들어 42행 성서를 위해 그는 인쇄지 다섯 장으로 '소책자'를 만들었다. 제본가는 이 소책자를 '시그니처signatures'라고 불렀다.

5장짜리 시그니처를 반으로 접으면 20쪽이 들어 있다. 첫 번째 시그니처를 위해 구텐베르크는 1쪽 옆에 20쪽을 인쇄했다. 두 번째 시그니처에는 21쪽과 40쪽이 나란히 인쇄될 것이고, 그런 식으로 마지막까지 계속 된다.

인쇄지가 제본소에 도착하면, 제본가가 처음으로 할 일은 그것을 순서대로 맞추는 일이었다. 그런데 현대인의 시각으로 보면 이 공정은 몹시 신기해 보인다.

당시에는 사람들이 페이지 번호를 사용하지 않았다. 따라서 구텐베르크도 페이지 번호는 인쇄하지 않았다. 그렇다면 제본가는 올바른 순서를 어떻게 알았을까?

구텐베르크가 어떻게 했는지는 잘 모르지만, 후대의 인쇄업자들은 인쇄지 아랫부분에 문자와 숫자를 인쇄해서 순서를 표시했다. 시그너처는 알파벳 순서대로 적었고, 인쇄지는 로마숫자로 표시했다.

즉, Ai는 시그니처 A, 인쇄지1이었고, Aii는 시그니처 A, 인쇄지2였다. 때때로 인쇄업자들은 페이지의 아래쪽에 '캐치 워드', 즉 이음 낱말을 인쇄했다. 이음 낱말이란 다음 페이지의 첫 낱말이었다. 실수하지 않도록, 제본가에게 보내는 안내 페이지를 책 뒤에 끼우는 인쇄업자들도 있을 정도였다.

인쇄지 5장을 반으로 접으면 시그니처가 된다. '서명signature'이란 말은 제본가들이 순서를 파악하도록 페이지 하단에 넣던 '사인sign'에서 나왔다.

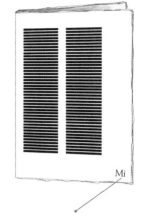

제본가를 위한 안내. 이것은 시그니처 M, 인쇄지1이란 뜻이다.

이것이 이음 낱말이다. 즉, 다음 페이지 상단의 첫 낱말로 나올 단어를 표시한 것이다.

상아나 뼈로 만든 밀개는 부드럽고 납작한 도구로, 접혀진 부분을 납작하게 미는데 쓰였다.

제본사는 인쇄지를 시그니처 순서대로 모은 뒤, 인쇄지를 접을 때 쪽수가 모두 순서대로 정렬되었는지 확인해야 했다.

15세기의 제본사들이 어떤 방법을 썼는지 알 길이 없지만, 나는 이렇게 한다. 우선 접기 전에 압정을 눌러서 냈던 핀 구멍들을 정렬한다. 이렇게 하면 인쇄 선이 다른 페이지보다 벗어난 경우는 생기지 않으며, 접은 선도 물림 선의 정중앙에 위치하게 된다.

시그니처를 모아서 접은 뒤, 뼈로 만든 밀개로 평평하게 밀면 책은 순서대로 놓인다. 다시 말해 책이 될 시그니처들을 차곡차곡 쌓은 것이다.

책을 재봉사에게 넘기기 전, 접은 송아지 피지나 두꺼운 종이 한 장을 책의 양 끝에 덧붙였다. 이것이 면지이다. 면

물림 선은 접힌 부분을 따라 나 있다. 이것을 '도랑'이라는 뜻의 거터라고 부른 까닭은 그 근처의 모든 것이 도랑에 던져진 것처럼 '사라지게' 되어서 그런 것 같다.
페이지에는 물림 선뿐 아니라 '머리'라고 불리는 윗부분, '발'이라고 불리는 아랫부분, 그리고 앞 가장자리도 있다.

종이가 인쇄될 때 만들어진 핀 구멍

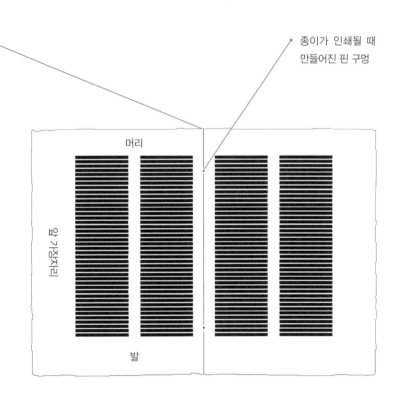

머리

앞 가장자리

발

지는 책의 앞부분을 보호했다. 면지는 구텐베르크의 시대에 특히 중요했다. 왜냐하면 당시 책은 바로 본문이 시작되었기 때문이었다. 여분의 백면도, 표제지도 없었다. 그것들은 아직 발명되기 전이었다.

그다음 재봉사는 모든 시그니처를 정렬하고 소형 나무 압착기에 고정시켰다. 그는 시그니처의 뒷면이 모두 꽉 붙게 압력을 가했다. 그리고 실로 맬 구멍을 원하는 곳에 표시했다. 그리고 바늘과 실이 들어갈 틈을 만들기 위한 간격을 두어가며 시그니처의 등에 톱질을 했다.

재봉틀

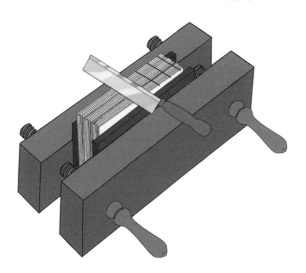

시그니처를 함께 매는 방법은 많았지만, 가장 쉬운 것은 제본 틀을 이용하는 것이었다. 제본사는 끈들을 책등에 낸 톱 선과 나란히 놓아가며 틀에 매었다.

그는 첫 번째 시그니처를 제본 틀에 놓고 각 끈마다 질긴 아마실로 묶어 시그니처를 고정시켰다. 한 묶음이 끝나면 다음 시그니처를 덧붙여, 같은 방식으로 끈에 매었다. 이것을 모든 시그니처들을 다 맬 때까지 반복했다.

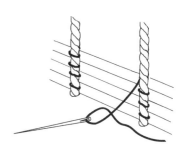

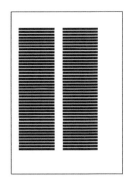

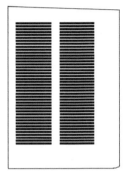

이제 시그니처들을 모두 꿰매서 매었지만, 책은 여전히 고정되지 않았다. 제본사는 책을 더 튼튼하게 엮기에 앞서, 가장자리를 가지런히 다듬어 책을 네모반듯하게 만들어야 했다.

다듬기 작업은 쉽지 않았다. 작업을 하기 위해서는 넓적한 날이 달린 특수한 칼들과, 알맞은 크기가 될 때까지 불필요한 종이를 가지런하게 베는, 쟁기 비슷하게 생긴 도련기가 필요했다.

제본사가 작업을 잘 해냈는지 알 수 있는 것이 바로 이 순간이었다. 책을 폈을 때 각각의 행이 페이지 가장자리와 마찬가지로 네모반듯하면 성공한 것이었다. 그렇지 않으면 몇 달에 걸친 고된 작업을 망쳐버린 것이었다.

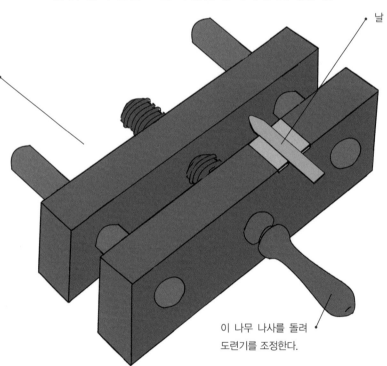

날

이것이 도련기이다. 매우 날카로운 날을 독자들이 볼 수 있도록 뒤집어 놓은 것이다.
제본사는 책을 압착기에 고정시키고, 이 도련기로 옆을 밀었다. 한 번에 몇 페이지씩 밀어서 마침내 책 전체를 네모반듯하게 다듬었다.

이 나무 나사를 돌려 도련기를 조정한다.

도련기가 얼마나 오래 전부터 쓰였는지는 알 수 없다. 1494~1576년에 살았던 한스 작스Hans Sachs가 쓴 16세기 초의 독일 시에 도련기가 언급되었다.

제본사가 성공적으로 책을 다듬고 나면 이번에는 표지의 치수를 알아내기 위해 꼼꼼하게 계산할 차례였다.

42행 성서 같은 책이면, 아주 얇게 자른 목판으로 표지를 만들 가능성이 높았다. 유럽에 막 판지가 등장했을 무렵이지만, 이 시기에 종잇장을 붙여 만든 판지는 목판에 비해 내구성도, 튼튼함도 떨어졌다.

제본사는 목판 표지에 구멍을 뚫고, 끈 하나하나를 위한 홈을 새겼다. 끈들을 구멍에 끼우고 나무못을 이용해 표지에 고정시키면, 책등이 휘어 살짝 둥글어졌다. 둥근 뒷면 때문에 책은 우아하게 펼쳐졌고, 마치 천으로 만든 것처럼 페이지들이 젖혀졌다.

끈을 목판에 묶으면 책은 안정되어 더 이상 흔들거리지

끈은 목판 표지에 끼워 나무못으로 고정시킨다. 이 나무못들은 나중에 판판하게 다듬어진다.

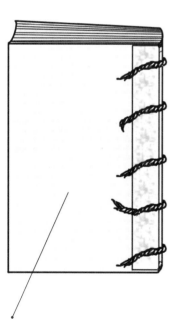

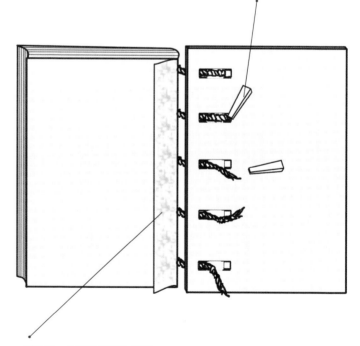

면지는 송아지 피지나 빳빳하고 질긴 종이로 만드는데, 책의 첫 번째 페이지를 보호한다.

제본사는 송아지 피지로 만든 덮개를 달아 죔쇠와 아마실을 가리기도 했다.

않았다. 작업을 마치고 난 뒤에도 전혀 흔들리지 않도록 제본사는 둥근 책등에 풀을 칠했다. 생가죽과 뿔과 발굽으로 만들어진 갖풀은 매우 유연해서 책을 펼쳐도 갈라지지 않았다.

때때로 제본사는 책등을 천이나 송아지 피지로 보강했다. 제본사마다 나름대로 갖가지 비법이 있었다.

사실, 15세기 제본에 대한 우리의 지식은 오래된 책들을 참고해서 제본사가 어떻게 일했는지 머리를 짜내 추측할 뿐이다. 가죽이나 송아지 피지로 목판을 덧대는 방법이 들어간 마지막 단계도 마찬가지다.

송아지 피지는 종이와 비슷했고, 다루기가 비교적 쉬웠다. 그러나 가죽을 사용할 때는 매우 날카로운 칼로 모서리를 잘라서, 겹치는 부분을 최대한 줄여야 했다. 이렇게 해야만 가죽으로 목판을 싸서 풀로 붙이기가 쉬웠다.

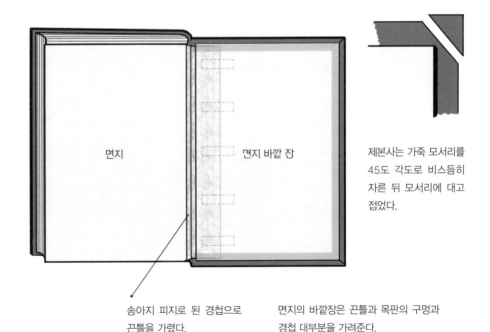

면지

면지 바깥 장

제본사는 가죽 모서리를 45도 각도로 비스듬히 자른 뒤 모서리에 대고 접었다.

송아지 피지로 된 경첩으로 끈틀을 가렸다.

면지의 바깥장은 끈틀과 목판의 구멍과 경첩 대부분을 가려준다.

이 일에는 밀가루 풀이 갖풀보다 나았다. 갖풀은 가죽 표면에서 겉돌지만, 밀가루 풀은 가죽에 스며들어 가죽과 목판을 단단하게 고정시켰기 때문이다.

표지 작업을 마치면 제본사는 책 안쪽을 깔끔하게 마무리했다. 끈과 가죽이 뒤집힌 가장자리를 목판 안쪽에 붙인 면지의 바깥쪽 장이나 송아지 피지, 또는, 빳빳한 종이로 가렸다.

제본사는 축축한 표지가 인쇄된 페이지들을 상하지 않도록 보호해야 했다. 그래서 표지와 면지 사이에 얇은 주석판을 임시로 넣고, 표지가 마를 때까지 책을 눌러놓음으로써 이를 해결했다.

이제 가죽 표지를 장식할 차례이다. 제본사는 표지를 다시 적셔서 불에 달군 도장과 바퀴로 가죽에 문양을 찍었다. 이것을 민누름이라고 하는데, 아마 금박이나 색을 쓰지 않았기 때문인 것 같다. 이 문양들은 빛이 적당히 있어야만 보였다.

이 금속 바퀴를 가죽에 밀어 직선을 그었다.

이 바퀴로 점선을 그었다.

이 도장으로 꽃 문양을 찍었다.

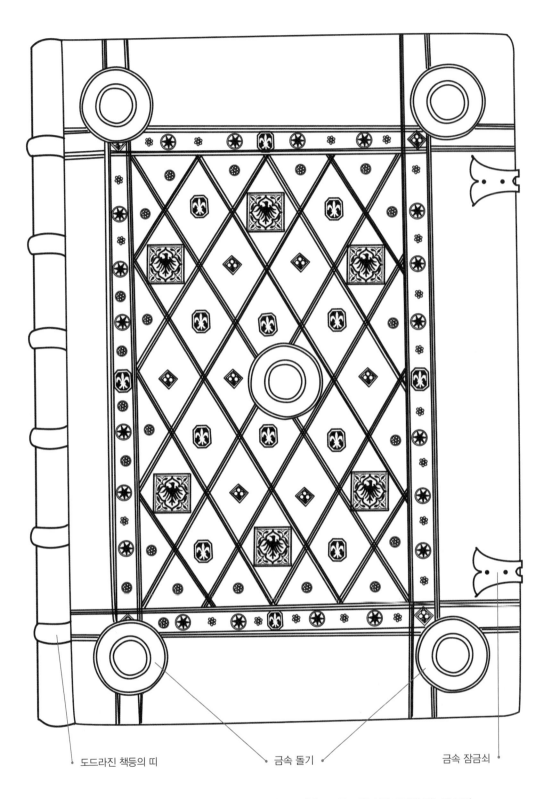

도드라진 책등의 띠　　　　　　　　금속 돌기　　　　　　　　금속 잠금쇠

현재 일본 도쿄 게이오기주쿠 대학에서 소장하고 있는 구텐베르크의 42행 성서 표지의 민누름 그림.
15세기 마인츠에서 작업한 것으로 보인다.

이런 질문이 나올 지도 모르겠다.

"표지에 제목이 없는데요?"

이 질문에 대한 대답은 "원래 없었어요."다.

원래는 책에 표지가 필요하지 않았다. 무엇보다도 책 자체가 그리 많지 않았다. 책 주인은 자기 서재에 어떤 책이 있는지 이미 알고 있었다.

그리고 더 중요한 이유로, 책은 앞 단면이 보이게 옆으로 뉘어 있었다. 만약 책 주인이 어떤 책인지 나타내기 위해 무언가 써야 했다면, 첫 번째 페이지 첫 부분에 나온 낱말들을 그 단면에 썼다.

책에 이름을 붙이고 그것을 책등에 넣은 것은 구텐베르크 사후 50년이 더 지난 뒤에야 시작되었다.

앞표지를 제목으로 장식한다는 생각을 누군가가 하기까지는 400년이 더 흘러야 했다.

빳빳한 솔로 종이에 풀을 얇게 바르고 있다.

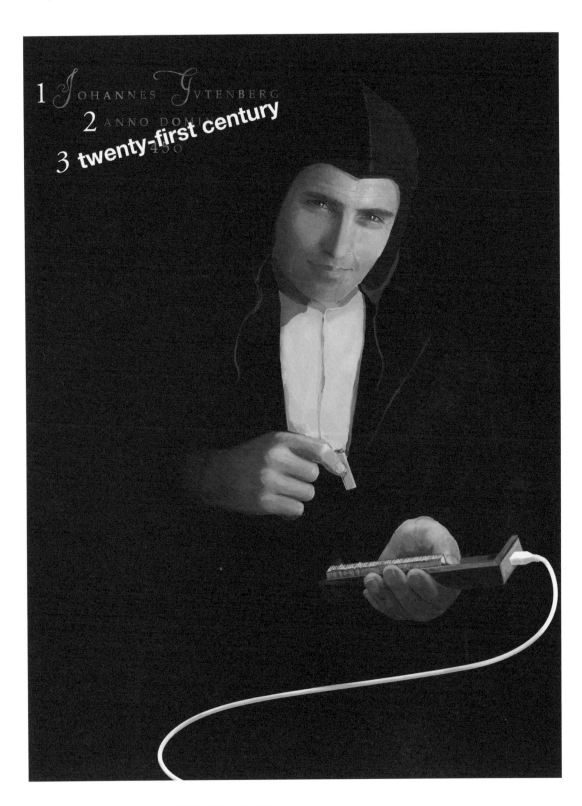

1 요하네스 구텐베르크　　2 그리스도의 해, 서기　　3 21세기

프린터printer는 더 이상 사람이 아니다

내가 25년 전에 지역 박물관에서 일할 때였다.

옛날 인쇄 기술을 어린이들에게 보여주다가 문득 이상한 사실을 깨달았다. 그것은 내가 인쇄업자들printer에 대해 이야기할 때마다 아이들이 인쇄기를 쳐다본다는 사실이었다. 어느 날, 나는 그 이유를 깨달았다. 어린이들에게는 프린터가 더 이상 사람을 가리키는 말이 아니었다. 그것은 컴퓨터와 연결된 기계였다.

그 순간 나는 550년 동안 내려온 인쇄 기술이 대중들의 마음속에서 곧 사라지리라는 것을 깨달았다. 아이들이 자라서 만나는 세상은 너무나 다를 것이다. 잉크와 활자, 인쇄기와 인쇄업자에 대해 누구나 당연히 알던 것들을 그 아이들은 전혀 모를 것이다.

25년 전 나는 앞으로 얼마나 중대한 변화들이 일어날지 전혀 짐작도 못했다. '글자체font'의 의미가 바뀐 것처럼 많은 낱말의 의미도 바뀌었다. '활자체typeface' 같은 옛날 낱말은 점점 사라졌다. 대신 '정렬하다justify', '글자 크

활자 폰트 24. 1990년 이전에는 이것이 활자의 폰트였다. 활자의 폰트란 아래 그림에서처럼, 활자 주조소에서 산 특정 크기의 활자를 가리키는 번호였다. 타임스 로만Times Roman, 헬베티카Helvetica, 또는 브러시 스크립트 Brush Script 같이 서로 다른 스타일의 글자들을 활자체typeface라고 불렀다. 이제 그것들은 폰트font라고 불린다.

기$^{point\ size}$', '행간^{leading}' 같이, 자주 쓰이지 않던 인쇄용어는 이제 누구나 쓰는 말이 되었다.

지난 25년 간 용어도 변했지만, 책이 무엇인가에 대한 우리의 개념도 변했다. 전자책이 나오면서 이제는 책의 경계가 없어진 것처럼 보인다. 책은 더 이상 종이에 내용을 담은 것으로만 정의되지 않는다. 책은 세상에 열려 있다. 낱말을 클릭하면 인터넷과, 수많은 다른 책과 생각과 의견으로 순간 이동한다.

구성은 또 어떤가? 전자책은 잉크와 종이로 만든 책과 완전히 다르다. 그것은 마치 두루마리처럼 페이지가 이어진다. 구텐베르크는 사용해 본 적도 없던 페이지 번호 또한 빠르게 필요성을 잃고 있다.

사람들은 이제 페이지 번호가 아니라 목차나 검색 버튼을 눌러서 전자책 안을 살펴본다. 페이지는 고정되어 있지 않다. 왜냐하면 글자체의 크기, 심지어 글꼴조차 독자가 선택할 수 있기 때문이다.

1455년에 피콜로미니 주교는 자신의 상관인 카르바할 추기경에게 보내는 편지에서 이런 우스갯소리를 했다. 구텐베르크 성서의 페이지들을 본 뒤, "예하께서는 노력하지 않고, 그리고 안경 없이도 읽으실 수 있습니다$^{quos\ tua\ dignatio\ sine\ labore\ et\ absque\ berillo\ legeret!}$".

나는 독자들이 자기에게 편하게 글자를 키우고, 심지어 원하는 대로 글꼴을 바꿀 수 있게 해 주는 오늘날의 디지털 장치에 대해 이 훌륭한 주교가 어떻게 생각할지 궁금하다.

이런 모든 변화는 책이 완전히 새로운 방식으로 디자인되어야 함을 의미한다. 우리는 중세 시대에 널리 퍼져 있던 황금률과, 보기 좋은 책을 위해, 특히 채식을 위해, 넓은 여백을 어떤 식으로 만들었는지 살펴보았다.

오늘날에는 여백을 최소한으로 둔다. 그리고 넓은 공간이 없으니 장식할 일도 거의 없다. 대신 오늘날의 책은 다른 방식으로 채식되어 있다. 동영상들을 보여주고, 텍스트를 소리 내어 읽어주고, 심지어 음악을 틀어 주기도 한다.

낡은 방식은 사라지고 있지만 그래도 여전히 우리에게 영향을 미친다. 사람들은 새로운 기술에 조금이라도 옛 느낌이 실려 있지 않으면 잘 받아들이려 하지 않는다. 디지털 독자는 여전히 책 비슷한 모양을 갖기를 원한다. 실제로는 페이지가 없어도 가상의 페이지를 넘기고 싶어 한다. 그리고 페이지 번호가 거의 쓸모가 없는데도 그것을 보고 싶어 한다.

구텐베르크도 같은 도전들에 맞섰다. 그는 인쇄본을 필사본과 아주 비슷해 보이도록 만들었고, 주서가를 위해 여백을 남겼다. 또한 활자를 디자인할 때 필경사와 필사생이 쓰는 것 못지않게 많은 합자와 약자, 특이한 기호를 넣었다. 그는 심지어 첫 번째 인쇄본을 계획보다 더 크게 만들었다.

그러나 그가 죽은 지 얼마 안 되어, 활자 디자이너들은 예전에 쓰던 필경 기호를 많이 버렸다. 또한, 채식할 여백을 더 이상 남기지 않았고, 활자를 점점 작게 만들어 책의 크기도 점차 작아졌다.

우리가 겪고 있는 것도 비슷하다. 모든 것이 너무나 새로워서 한 번에 받아들이기 어렵다. 그러나 바로 그 점 때문에 우리가 살고 있는 이 시대가 이토록 흥미진진한 것이다. 우리는 1450년에 구텐베르크가 시작했던 혁명과 마찬가지로 거대한 혁명기에 살고 있다. 책이 무엇인지, 심지어 책이 출판하는 것인지, 출판되는 것인지를 다시 규정하는 새로운 기술이 매달 나온다.

출판은 사상 처음으로 창작자의 손으로 옮겨 갔다. 어도비의 프로그램들 같은 디지털 프로그램을 이용해서 누구나 전자책이든, 혹은 잉크와 종이로 만든 책을 만들고 출판할 수 있다.

인쇄기를 사용할 때 압착하는 과정이 없기 때문에 더이상 엄청난 힘이 필요하지 않다. 인쇄기는 이제 전기로 작동한다. '압착기'에서 출발했던 인쇄기들은 레이저나 잉크젯으로 이미지와 글을 종이에 옮긴다. 게다가 매번 인쇄 대상을 바꿔서 인쇄할 수 있는 인쇄기들이 있으니, 주문형 출판이라는 중국인들의 옛 개념이 다시 한번 좋은 사업 모델이 되고 있다.

요즈음, 나는 대중의 손에 이 모든 신기술이 있지만 책의 품질은 떨어질 것이라는 말을 자주 듣는다. 그러나 이는 15세기에도 나왔던 소리였다. 최소한 필경사의 입장에서는 말이다.

1500년 즈음에는 26,000종 이상의 책이 출판되었다. 그러나 이 책 전부가 모두의 도서 목록 가장 첫머리에 있지는 않았을 것이다. 인터넷으로 책들이 날마다 쏟아져 나오고, 수백만 종의 책이 인쇄되어 나오는 오늘날에도 똑같지 않을까?

책은 사과와는 다르다. 나쁜 책 한 권이 많은 책을 썩게 하지 않는다. 어떤 전자책 하나가 너무너무 형편없다 해도, 다른 전자책 모두가 그와 똑같지는 않다. 앞으로 이 혁명을 통해 좋은 점이 훨씬 많이 생길 테고, 기발하고 전혀 새로운 것들이 곧 나타날 것이다.

1450년대에 구텐베르크는 인쇄기와 가동 활자와 잉크를 발명했다. 그리고 그는 책을 인쇄했다. 구텐베르크는 마치 세상을 완전히 바꿔 버린 것 같다. 내가 이 기념비적인 사건을 알리기 위해 그린 어린이책 그림에서 번개가 하늘에 번쩍였던 것처럼 말이다.

그러나 구텐베르크는 자신이 한 일이 얼마나 엄청난 일인지 알지 못했다. 자신의 발명 덕분에 글을 읽고 쓸 줄 아는 비율이 높아지고, 교육이 개선되고, 지식이 다음 세대를 위해 보존되고 전해지리라는 것을 예측하지 못했다.

지금도 마찬가지 아닐까? 우리는 많은 변화를 이해하기 어렵다. 컴퓨터 혁명은 모든 도서관뿐 아니라 블로그에 글을 올리거나 전자책을 출판하고 싶어 하는 사람들의 생각, 관심, 발견들까지 클릭만 하면 볼 수 있게 해 주었다. 지금의 그런 변화들이 당황스럽다면, 앞으로 올 변화들은 더더욱 충격적일 것이다.

중세 사람들이 변화를 느꼈는지 잘 모르겠다. 한 세대에서 다음 세대로 이어지는 삶은 거의 똑같았다. 그랬다 해도, 구텐베르크의 발명은 분명 동요를 일으켰다. 적어도 필경사들과 필사생들에게는 말이다. 이들 중에는 분명히 이제 자신의 시절은 막을 내리고 있고, 곧 자기들의 쓸모가 다 할 것임을 내다본 사람들이 있었을 것이다. 1450년에는 변화라는 개념 자체가 막 바뀌려는 중이었을 것이다.

구텐베르크 사후 25년이 지나지 않아, 유럽의 거의 모든 주요 도시에 인쇄소가 생겨났고, 수천 권의 책이 인쇄되었다. 이것은 지식이 전파되는 방식을 근본적으로 변화시키기 시작했다.

그리고 또다른 놀라운 사건이 생겼다. 1493년 3월 15일, 포르투갈 땅에 상륙한 콜럼버스는 자기가 발견한 것을 대중에게 전했다. 몇 년 지나지 않아 세계의 크기와 그곳에 사는 사람에 대한 전체적인 개념이 변했고, 그 사실을 전파한 것이 바로 가동 활자로 인쇄된 책이었다.

나는 이 책을 쓰면서 인쇄본과 삐그덕거리는 인쇄기가 있던 옛날 그 세상을 묘사하고, 사라져간 기술에 대해 이야기하는 것을 목표로 삼았다.

나는 어린 시절 활자를 조판하는 방법과 대소문자를 배치하는 법, 인쇄기에 인쇄하는 법을 배워야 했다. 또한 타자기로 타자치는 법을 배웠다. 자판이 잉크 리본을 치면 딸각, 소리를 내며 페이지에 글자가 인쇄되었다.

이 모든 것은 이제 사라졌다. 어린 독자에게 이 책은 폼페이나 이집트에 대한 책처럼 보일지도 모른다. 예전에 쓰던 낱말과 표현으로 가득한 이 책을 보면서 당황할지도 모른다. 하지만 곧 이해하게 될 것이다.

그 느낌은 지금부터 60년 뒤, 21세기의 마지막 25년에 어린이들이 '메인보드, 플로피디스크, 마우스가 뭐예요?'라고 물을 때 지금 이 책을 읽는 독자들이 받을 느낌과 마찬가지일 거라고 나는 감히 말해 본다.

참고 자료

『익명의 14세기 논문: 채식법 (조지 H. 해밀튼 역)』, 예일 대학교 출판부, 뉴헤이븐, 1933.

『구텐베르크: 밀레니엄의 인간; 비밀 사업부터 최초의 미디어 혁명까지』, 마인츠 시 출판, 2000.

『영국 중세 산업: 장인, 기법, 생산품들』 중 가죽 편, 존 체리 저, 블레어, 나이젤 램지 편집, 햄블던 앤 런던, 런던 , 2003.

『제본: 배경과 기법』, 이디스 딜 저, 도버 퍼블리케이션스. Inc., 뉴욕, 1980.

『중세 초기부터 17세기초까지의 마인츠』, 루드비히 팔크 저, 출판사 알 수 없음, 1978.

『종이제작: 고대 공예의 역사와 기법』, 다드 헌터 저, 알프레드 A. 노프., 뉴욕. 1948.

『현대 캘리그래퍼들을 위한 채식: 19세기 핸드북에서 얻은 유용한 아이디어들』, 크리스토퍼 자맨 저, 왓슨-구프틸 퍼블리케이션스, 뉴욕, 1988.

『테임즈 허드슨의 책 장정 매뉴얼』, 아서 존슨 저, 테임즈 앤 허드슨, 런던, 1978.

『그래픽 아트 과정』, 랜돌프 칼 저, 아메리칸 테크니컬 소사이어티, 시카고, 1948.

『재료와 기법에 대한 예술가의 핸드북』, 랄프 마이어 저, 바이킹 프레스, 뉴욕, 1982.

『중국제지기술사고』, 반지성 저, 문물출판사, 북경, 1979.

『구름을 만드는 이들』, 제임스 럼포드 저, 호튼 미플린, 보스턴, 1966.

『구텐베르크 책 이야기』, 제임스 럼포드 저, 뉴욕: 플래시 포인트, 뉴욕, 2012.

『중세 회화의 재료』, 다니엘 V. 톰슨 저, 도버 퍼블리케이션스, 뉴욕, 1957.

『손으로 하는 책 장정법』, 알드렌 A. 왓슨 저, 벨 퍼블리싱 컴퍼니, Inc., 뉴욕, 1963

『책 디자인』, 아드리안 윌슨 저, 레인홀드 퍼블리싱 코퍼레이션, 뉴욕, 1967.

찾아보기

가

가동 활자 64, 100, 110, 141
가시가 많은 참나무 113
가오 51
가우디 117
가우지 110
갈대 펜 31, 71, 111-112
갑각류 113
갖풀 28, 38, 133
　흰자위액 115, 116, 120-121
　종이 쌓기 28
거울 배지 19
겐스플라이쉬 11, 14, 17, 26
　문장 14
　엘제 11
　프리엘레 아버지 11, 14
　프리엘레 형제 16, 20
　헨네 헨히헨, 요한, 요하네스, 구텐베르크 11-17, 26
관 82-83, 95
곤충 113
꼭두서니 102, 114
굴 껍데기 113
꿈의 흐름, 내 붓과의 대화들 몽계필담 64
그리스도의 해 A.D. 10, 136
금
　금박공 50, 53-54
　금 세공인 18
　두드리기 53-54

문지르기 119-121
　사금 채취 52
　찧기 119
금 긋기 111-112
금속 활자 65
긁개 112
기름 58
기름기 58
긴 s 88
길드 14, 17, 20
깃털 펜 71, 86, 111, 112

나

납 65, 114
니제르 51
니스 58, 60
니콜라 장송 24

다

독성이 있는 색 재료 114
돌기 125, 134
드릿첸 안드레아스, 클라우스, 외르겐 19

라

로마 26
롤러 92
롬바르딕 117
리넨 32-33

마

마늘즙 121

마인츠 11-18

  대주교 17-25

마인츠 대성당 12, 24

매트릭스어미자 68

만사 무사 51

말리 51

머리글자 89, 107, 109, 116, 117

메움 토막 81

면지 128-129, 131-133

면지의 바깥쪽 장 133

무두질 43

  간수에 적시기 45

  부드럽게 하기 45, 48

  스커드 45

  스커딩 나이프 45

  염색하기 47

  젓기 45

  제혁공 47

  타닌, 타닌 산 46

  털을 제거하기 45, 49

물림 선 104, 128

밀랍 87, 115, 125

바

반삭 메움쇠 73-74

백합 꽃 113, 116

벚나무 102, 115, 120

베네치아 26, 71

뼈로 만든 밀개 128

부리 바늘 86, 94, 96

붓 30, 111

브라질 113

브라질소방목 113, 114, 116

브러시 스크립트 137

블로그 141

비소 114-115

비야르 드 온쿠르 105

사

사과나무 껍질 113

사프란 116

삽화책 110

샤를 7세 24

석탄 72

석회 45, 115

성 아르보가스트 수도원 18

성 크리스토프 성당 13

션 쿠오 64

속돌 49

손잡이 82, 92, 95, 99

송곳 111, 112, 116

송아지 피지 47-49, 125, 128, 131-133

  루넬라리움 49

  사포 49

송진 49, 60

수동 인쇄기 82

수액 102, 115, 120

수은황화물 114

수지 87

숯 72, 118

스트라스부르 15-18, 20

시비달레 63

식자 막대 10, 86-88

실수 94-97

아

아마풀 32-33

  아마 씨 기름 58

아라비아고무 120
아이언 도어스의 엔넬린 18
아카시아 114-115
아프가니스탄 114-115
아헨 19, 122
안티몬 65
알게스하이머 호프 13, 26
알두스 마누티우스 71
암모니아 115
압착기
　제본사 128
　　물감 또는 금비누 111-121
　　잉크 57
　종이 제조 28, 37, 77
양피지 22, 31-38, 48, 53, 83, 116
앰퍼샌드 74
어도비 139
어리상수리혹벌 119
역병 19, 26
연마기 111, 113
연지벌레 113
염료 47, 57, 60, 113-121
오리 부리 84
요하네스 구텐베르크 11, 136
　교육 14
　결혼 18
　금세공인 18
　매장 13
　소송 16-22
　이름의 기원 17
　직업 18
　탄생 11
요하네스 푸스트 21, 65
유대인 16, 17, 20, 50
유리로 만든 빵 49

인디고 풀 60, 114
인쇄 과정
　인쇄 94-95
　잉크 바르기 92
　정렬 80-81, 108
　종이 적시기 90-91
　채색 인쇄 106-109
　판 고르기 99
인쇄기
　구조 79, 82-85, 98
　두 번 당김 인쇄기 99
　압판 77, 93-94
인쇄대 99
인쇄업자 137
인터넷 138, 140
인테르 73
잉크 공 92-95
잉크 판 92

자
적청석 113
전각 메움쇠 73
전자책 138-141
절구 28, 119
제본
　아마 끈 125, 129, 131
　도련기, 도련하기 130
　도구 128-135
　민누름 133
　시그니처 90-91
　실로 매기 129-130
　표지 131
　풀 붙이기 124, 133-135
　톱질 129
제본 틀 129

조개껍데기 112
조판
　돌판 81, 86
　식자 87-89
　판짜기 90
　정렬 74, 89
조셉 목슨 92
종이 제조
　걸러서 만든 종이 36
　나무 주걱 38, 93, 100
　발 36-37, 40
　발효 과정 33
　방앗간 28, 33
　아랍 31-32
　압착기 28, 37
　워브 페이퍼 36
　워터마크 39, 40
　위층 건조실 28
　윤내기 39, 111
　제지 방앗간 28, 33-35
　종이 만들기 37
　중국의 발명 29-31
　재활용 섬유 29, 32-33
　초지 떼어 내기 28, 37
　크기 28, 38-39
　통잡이 37
주석 65
주홍색 114
죽음의 대무도 82, 110
절굿공이 120
지도
　라인강 16, 121, 122
　인큐내뷸러 15
진사 114

차
참나무 113
참나무벌레혹 119
채식사 54-55, 89, 100, 103-121
채륜 29
책
　구성 104-105, 125
　목판 인쇄본 63, 110
　주문형 출판 63, 140-142
책장 126
청금석 60, 113
초 87

카
카르바할 추기경 138
카셀 39
카운터 각인기 68-69
카톨리콘 70-71, 106
코르프 하우스 24, 62
코인 81
콘라드 후메리 70
콜라겐 46
콜로폰 24, 151
콜럼버스 50, 113, 141
쾰른 16, 26

파
파이스토스 원반 63
파리 26
파피루스 30, 60
판지 125, 131
패턴 북 116
페르시아호두나무 47
페이지
　디자인과 배치 104-107

이음 낱말 127
쪽 번호 127
페터 쇠퍼 24-25, 70-71, 106-108
펜 칼 112
포르멘 부흐슈타벤 70
포르마 파트로나크 70-71
표지 125
폰트 137
푸뤼페닝 수도원 63
푸스트와 쇠퍼 26
프랑크푸르트 15, 23
프리스킷 83-85, 94
피우스 2세 11, 23
피콜로미니 주교 23-25, 138

타
탄소 60
타임스 로만 137
텍스투라 67
텍스투스 73
팀북투 51
팀편 79, 83-85, 93-94, 99

하
한국 64
할렘 65
활자 10, 65
  합금 65
  활자체 74, 137
  주조하기 62, 66, 73
  가동 활자 64, 100, 110
  구조 75
  각인기 62, 68-69
  공백에 끼울 메움쇠 73-74

낱말의 기원 70-71
다듬기 72-73
라우렌스 잔순 코스터 65
몰드 65-71
비셩 63-65
파이가 된 활자 73
활자 크기 75, 137
활자함 62, 73, 86-88
  대문자함 88
  소문자함 88
향일성 식물 114-116
헤어 스페이스 74
헬마슈페르거 공증 문서 22
호프 줌 구텐베르크 13, 17, 24
호프 줌 유덴베르크 17
호프 줌 홈브라흐트 24

기타
36행 성서 25
42행 성서 22, 23, 39, 41, 96, 106, 109, 121, 126, 131
42행 성서 게이오기주쿠 대학 소장본 55, 122, 134
J. A. 판 데 그라프 105

dnice incarnacionis annus M cccc lx Alma in ur
be maguntina nacionis inclite germanice.Quam
dei clemencia tam alto ingenij lumine.dono q̃ gra
tuito.ceteris terraꝝ nacionibus preferre.illustrare
q̃ dignatus est Non calami.stili.aut penne suffra
gio.ß mira patronaꝝ formaꝝ q̃ concordia ꝓpor
cione et modulo.impressus atq̃ confectus est.
Hinc tibi sancte pater nato cũ flamine sacro.Laus

콜로폰, 혹은 이 책을 펴내며

콜로폰은 출판업자나 인쇄업자, 또는 필경사가 쓴 마지막 글이다. 그것은 작업이 어떻게 이루어졌는지에 대한 이야기이다. 이 표현은 '마무리'를 뜻하는 고대 그리스 말에서 나온 것이다. 요하네스 구텐베르크가 서명한 콜로폰은 없다. 첫 인쇄본 콜로폰은 1457년의 것으로, 이 콜로폰의 일부를 71쪽에서 볼 수 있다. 나의 콜로폰은 다음과 같다.

나는『구텐베르크 책 이야기』와 짝을 이룬 이 책을 2012년 여름에 완성했다. 이 책에 묘사된 사건들이 일어난 지 562년 뒤였다. 이 책의 초고를 읽고 귀한 조언을 해 준 리차드 비구스, 더글라스 허거트, 야크 라이스란드에게 고마움을 전한다.

본문 서체는 포스트 미디벌이고, 장 제목 서체는 1456 구텐베르크이다.(한국판에서는 SM3신신명조10 서체를 사용했다.) 조판, 레이아웃, 삽화는 모두 디지털로 작업했다.

신의 도움으로 *Deo gratias.*

위대한 발명가 구텐베르크

글쓴이 제임스 럼포드
옮긴이 서남희
펴낸이 김언호

펴낸곳 (주)도서출판 한길사
등록 1976년 12월 24일 제74호
주소 10881 경기도 파주시 광인사길 37
홈페이지 www.hangilsa.co.kr
전자우편 island@hangilsa.co.kr
전화 031-955-2001~3 팩스 031-955-2005

부사장 박관순 총괄이사 김서영
관리이사 곽명호 영업이사 이경호 경영담당이사 김관영
편집 조민선 마케팅 양아람 관리 이중환 김선희 문주상 이희문 원선아
디자인 창포 031-955-9933 출력 및 인쇄 예림인쇄 제본 중앙제책

제1판 제1쇄 2018년 1월 25일

값 15,000원
ISBN 978-89-356-7254-7 43920